世界一わかりやすい哲学の授業

世界第一好懂的哲学课

[日] 小川仁志 著　　郑晓兰 译

中信出版集团 · 北京

图书在版编目（CIP）数据

世界第一好懂的哲学课 /（日）小川仁志著；郑晓兰译. -- 2 版. -- 北京：中信出版社，2016.12
ISBN 978-7-5086-6977-9

Ⅰ. ①世… Ⅱ. ①小… ②郑… Ⅲ. ①哲学－通俗读物 Ⅳ. ①B-49

中国版本图书馆CIP数据核字（2016）第270309号

世界第一好懂的哲学课

著　者：［日］小川仁志
译　者：郑晓兰
出版发行：中信出版集团股份有限公司
（北京市朝阳区惠新东街甲 4 号富盛大厦 2 座　邮编　100029）
承 印 者：北京通州皇家印刷厂

开　本：880 mm×1230 mm　1/32　　印　张：8.5　　字　数：109千字
版　次：2016年12月第1版　　印　次：2016年12月第1次印刷
京权图字：01-2013-3208　　广告经营许可证：京朝工商广字第8087号
书　号：ISBN 978-7-5086-6977-9
定　价：42.00元

前言

代替开学典礼的引导说明

日本近来掀起罕见的哲学热潮，哲学成为街头巷尾的热门话题。或许有许多人会因此冒出“哲学到底是什么玩意儿？”或是“就来读些哲学吧”这样的念头。我想，也会有人跟着翻开康德、马克思等哲学家的名著。

但接下来，每个人恐怕只会感到惊愕莫

名，因为这些名著实在太难懂了。遗憾的是，这些哲学书并不能为这样的人开启通往哲学世界的大门。即便是我想要阅读那些所谓的“哲学名著”，同样也对内容感到一头雾水。

造成上述情况的原因有很多。其中之一，在于大多以外文写成的哲学书在经过翻译后变得艰涩难懂。另外，则是所谓的哲学是一门探求事物本质的学问，必须在字里行间思考出言外之意。若只追逐字面上的意义，便难以理解个中三昧。

要想理解哲学，就必须具备掌握话中意涵的知识与思考能力。因此，随着年龄增长以及人生阅历日益丰富，在每个不同阶段阅读哲学书籍，也会有更为深刻的领悟。

话虽如此，想必也会有人觉得虽然本身没有什么知识或人生阅历，但也想要以自己的方式体验哲学的乐趣。如果是这样的话，又该如何是好呢？大致上理想的状态是通过参与大学课程等方式，争取机会去聆听专家的详尽解说吧。只不过，并非每个人都能做得到。

于是，我才想在本书中展开课程，以浅显易懂的方式解读哲学名著。内容是以我担任老师的角色，同时还有三名假想参加者，每堂课锁定一本哲学名著为主题，进行解读。

在名著选择方面，以大家耳熟能详的著作为主，加上容易阅读作为优先考虑。因为我很希望大家在读完本书后，能够亲自挑战阅读原著。本书的撰写依循古希腊时代乃至于现代各时代著名哲学家的脉络，同时考虑最近的流行，在最后增加数本欧美的政治哲学书籍。这十五堂课相当于大学一学期的教学时间，分量应该相当适中。至于希望挑战各类哲学书籍的读者，书中也列举了相关书籍，请务必参考查阅。

除此之外，本书课程中的假想参加者并不一定是熟悉哲学的人。所以，期盼各位也能想象自己正在参与课程，一边慢慢阅读下去。那么，在此先介绍三名参加者。

纯子：对哲学有兴趣的女高中生（十几岁 · 女性）

一郎：对人生感到苦恼的上班族（三十几岁 · 男性）

稻夫：刚退休，正准备展开人生第二个阶段（六十几岁 · 男性）

关于本书所引用的名著文句，原则上以现有的翻译书籍为依据，不过，为了讲求容易理解，也会适度变更译文。

那就让我们和他们一起，共同享受邂逅哲学的丰富又快乐的时光吧！

世界第一好懂的
哲学课

目　录
CONTENTS

前言——代替开学典礼的引导说明 • 001

第 1 课
亚里士多德《尼各马可伦理学》
——何谓每天幸福快乐的生活方式?
• 001

第 2 课
笛卡儿《谈谈方法》
——要怎样才能拥有自信?
• 021

第 3 课
洛克《人类理解论》
——为什么经验如此重要?
• 041

第 4 课
卢梭《社会契约论》
——大家要一起针对某事物做出决定时，该怎么做才好？
• 057

第 5 课
康德《纯粹理性批判》
——对本身判断感到迷惘时，该怎么办？
• 077

第 6 课
克尔凯郭尔《致死的疾病》
——我们能够克服绝望吗？
• 095

第 7 课
马克思《1844 年经济学哲学手稿》
——对竞争社会感到疲惫时，该怎么办？
• 111

第 8 课
萨特《存在主义是一种人道主义》
——什么是自由地活着？
• 129

第 9 课
列维纳斯《整体与无限》
——怎样才能了解他人？
• 147

第 10 课
梅洛-庞蒂《知觉现象学》
——为什么必须爱惜身体？
• 163

第 11 课
福柯《规训与惩罚：监狱的诞生》
——讨厌受人操控该怎么办？
• 179

第 12 课

汉娜·阿伦特《人的境况》

——要怎样才能每天神采奕奕地活着？

• 195

第 13 课

罗尔斯《正义论》

——如何与他人分享？

• 211

第 14 课

诺齐克《无政府、国家和乌托邦》

——国家为何存在？

• 227

第 15 课

桑德尔《自由主义与正义的局限》

——一个人终究难以生存吗？

• 243

结语——享受哲学的方法 • 259

第1课

亚里士多德《尼各马可伦理学》

何谓每天幸福快乐的生活方式？

以宏观角度思索人生整体

老师：“世界第一好懂的哲学课”终于开课了。我希望在这里和大家一起解读世界哲学名著。这里所提及的名著，囊括古希腊乃至于现代形形色色的著作。希望能够依照基本的时代顺序，平均加以选择。那么，可以请各位参加者先简单自我介绍一下吗？

纯子：啊，初次见面，我是纯子。目前就读于本地的女子高中。因为对哲学很有兴趣，所以才来参加课程。请大家多多指教。

一郎：我是一郎，三十几岁的上班族。我想对人生进行多元思考，所以来参加课程。不过，我完全没有哲学这方面的知识。纯子，你可要教我噢。

稻夫：我想我是这里年纪最大的，今年春天刚从公司退休。我想试着读读哲学，为人生的第二阶段增添乐趣。我叫稻夫。

老师：如果各位有不懂的地方，请别客气，尽管提问。也请各位多多指教。那我们就赶紧进入课程主题吧。今天所要讨论的是古希腊哲学家亚里士多德的名著《尼各马可伦理学》。大家知道亚里士多德吗？

纯子：他是柏拉图的弟子，也是现实主义者。我听说在拉斐尔所绘的《雅典学院》（*The School of Athens*）中，理想主义者柏拉图以手指天，而亚里士多德以手指地的情景，就是在象征两人思想的差别。

老师：太棒了。纯子也读过《尼各马可伦理学》吗？

纯子：我读过他的《政治学》，不过没读过这本伦理学。当我知道亚里士多德是那位亚历山大大帝（Alexander the Great）的老师之后，就对他的政治思想产生了兴趣。他应该也创办过学校吧。

老师：没错。《政治学》也很有名，是一本相关著作。今天也会谈到它。

一郎：纯子，你好厉害噢……老师，那个“尼各马可”是什么啊？

老师：大家对这一点其实并不清楚，有一说认为这是亚里士多德儿子的名字。这本书好像是为他儿子所写，所以才会慢慢被冠上这个名称。

稻夫：哇，我以前都不知道呢。

老师：那么，之后我也来陆续补充一些诸如此类的小知识吧。光是要阅读这么艰涩的书，大家应该会觉得累吧。毕竟这部著作原本可是有十卷呢。不过，译成日文文库本（平装口袋书）后，变成了两本。①

我们很难逐一解读所有内容，主要先来看看核心部分。首先，这本书是在描写什么样的内容。一言以蔽之，就是希腊文中的“eudaimonia”，简单来说，也就是关于“幸福”。要怎样才能在人生中得到幸福。第一卷就是以这方面的内容为核心。

纯子：可是，没办法一直都很幸福吧。

老师：这就是重点了。亚里士多德是以宏观角度思索人生整体。据他所言，“若无法观照人生整体，就无法对于是否为活得有价值的人生”做出绝对性的判断。所以，没有单一的评判标准。他所谓的“eudaimonia”，可说是由多个要素所构成，像快乐、友情或富有……

① 中译本为单卷本，可参阅《尼各马可伦理学》，廖申白译，北京：商务印书馆，2013 年。——编者注

一郎：我觉得特别是“富有”这种东西，就某种程度而言，和一个人的际遇有很大的关系吧。

老师：亚里士多德并不这么认为。我想正因为如此，才会有这部著作。他重视的是行动。而且亚里士多德认为，每个人都能以各自理性的力量，开创人生新局。他就这一点举出理想的人生为参与国是的人生，以及观照的人生，就是纯粹探求真理的人生。和这些相反的极端，则为快乐的人生。

何谓“好事”？

稻夫：意思是说人生评价存乎于心吗？

老师：嗯。所以他很重视人的品格，也就是“德行”。第二卷就是以这个“德行”为主题。亚里士多德说，虽然经由教育能够习得优越的智识，不过德行和理性毫无关联，所以是教不来的，必须经由训练慢慢培养。

稻夫：就是说与其学习，不如习惯吧。

老师：是的。因为像善良或勇气等，不论用嘴巴再怎么教，都是没办法传授的。

一郎：这也就是说，能以善良之心待人，或发挥勇气采取行动的人，就是有德行的人了？

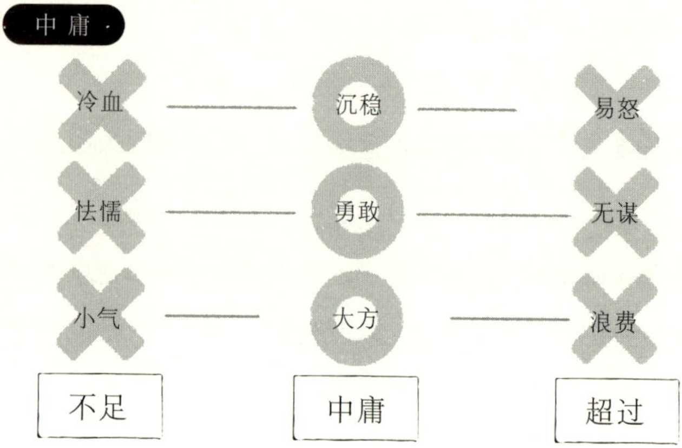

将愉悦或不快的情感保持在适当、恰如其分的状态就是中庸

老师：准确来说，有点儿不一样。亚里士多德是这么说的，“德行与人类的行动与热情相关，而所有的热情与行动都伴随着快乐与痛苦。因此，德行也与快乐和痛苦相互关联”。换句话说，德行不仅止于根据个人做了什么而定，同时也根据那个人基于什么样的好恶做了什么而定。

纯子：意思就是勉强去做也没意义啰。像是让座给老人家的人，或许有些人是顾虑到旁人眼光，才勉强让座的。

老师：就是这么一回事。所以，毫不犹豫去做好事的人才是有德之人。

一郎：老师，我们从刚刚开始就一直在说“好事”，可是我认为那所谓的“好事”的实质内容才是问题所在吧。

老师：这话还真是一针见血啊。就像你所说的，亚里士多德把所谓的“好事”称作“中庸”。

纯子：中庸是“恰如其分”的意思吗？

老师：简单来说就是那样。不过，那个“恰如其分”的意思才是问题核心呢。所谓的中庸，无非是在适当的时候，对于适当的事物或适当的人，基于适当的理由，以适当的方法，表现本身的情感。

稻夫：这样不就单纯是尺度拿捏的问题而已吗？

老师：是呀。我们来看看亚里士多德自己是怎么形容的吧。“恐惧、自信、欲望、愤怒和怜悯等愉悦或不快的情感，可能感受过于强烈，也可能过于不足，这两种情况都不好。在适当的时候，对于适当的事物或适当的人，基于适当的动机，以适当的方法，感受上述愉悦或不快的情感就是中庸，同时也是至善，也称之为德行。”

纯子：这么说来，在某些情况下愤怒也可能是件好事啰？

老师：没错。因为是否算是“中庸”，还必须根据不同的状况加以判断。

哲学与面包的烤成状态

一郎：那要怎么判断呢？

老师：用理性。

一郎：出现了！用理性啊。

老师：我们大概也可以用“思考判别”一词加以替换吧。也就是在各种不同状况下，好好判断后做出决定。这并没有一般性的原则。亚里士多德说：“只有在场的人，才知道面包的烤成状态如何。”

纯子：面包？还真时髦呢。

老师：那我们就继续进入第三卷啰。这部分陈述的是自己的选择，以及伴随而来的责任。亚里士多德将行为分为三种：“自愿行为”“违反自愿行为”与“非自愿行为”。

一郎：自愿行为？

老师：说得简洁明了一点，就是“意志行动”“违反意志行动”“非意志行动”的意思。

一郎：这样我就懂了。

老师：我就换成这样的词语加以说明吧。首先，关于意志行动方面，人负有当然的责任，在此情况下可能获得称颂，或者招致责难。而关于违反意志行动方面，如果是坏事就必须恳求原谅，如果是可怜的事就会得到同情。

稻夫：我只有“违反意志行动”这一点搞不懂……

老师：根据亚里士多德的说法，这又分成两种类型：一种是外在原因所致，另一种则是无知。所谓的外在原因，也就是有不可抗力的物理力量作用的情况，像是船上货物因风暴而沉入海中。不过，在这里必须注意的是，有些案例就算上述那种不可抗力的物理力量并未作用，也可能会被迫做出某种行为。

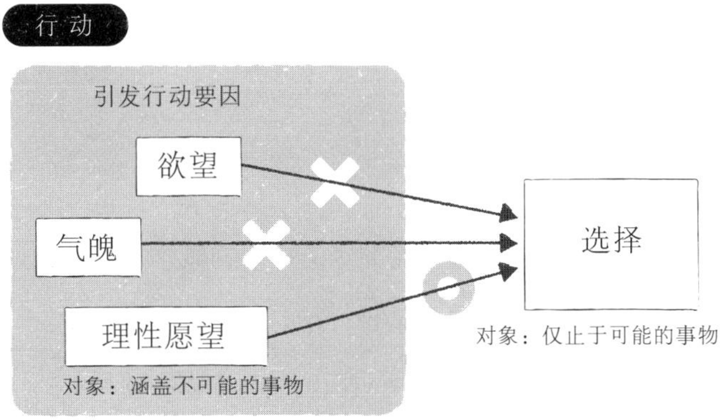

拥有自制力的人
会根据“选择”而非“欲望”行动

纯子：像是没有风暴，却因为船快沉了，而不得不将货物扔到海里去？

老师：正是如此。船快沉了，而不得不将货物扔到海里去的情况，的确是违反意志行动，不过却是根据本身意志所采取的行动。亚里士多德将它称作“混合性行为”。在混合性行为的情况中，同样是违反意志的行动，也能将它正当化。

一郎：照这种逻辑思考，肇因于无知的行动好像就不能经常加以正当化了吧。

老师：倒也不能这么说。亚里士多德认为，不知情的话就没办法了。只有假设当时知情，当下应该会采取其他行动的情况，才能加以正当化。

一郎：还真严格啊。

想成为社长吗？

老师：这一点也会慢慢与他“选择”的概念相互结合。亚里士多德说，引发人类采取某种行动的要因，包括欲望、气魄和理性愿望这三项。“选择”所对应的是其中哪一项呢？

稻夫：嗯？可以确定的是，一定不是欲望吧。

老师：没错。亚里士多德说：“缺乏自制力的人会根据欲望行动，不会根据选择行动；拥有自制力的人则会根据选择行动，并不会根据欲望行动。”

纯子：所谓的自制力就是选择，也就是理性愿望吧？

老师：是的，选择需要理性。不过，根据亚里士多德的说法，严格说来两者还是有所不同。理性愿望的涵盖对象包括不可能的事物，而选择仅止于可能的对象。

一郎：“想成为上帝”是理性愿望，“想成为社长”就是选择吧。就我来说，两个都不可能就是了。

老师：那么，顺带一提，“想成为总理大臣”属于哪一种呢？

一郎：因为是有可能的，所以是选择吗？

老师：不对哦。因为亚里士多德说过，必须仰赖他人决定的行为，就不是选择的对象。而总理大臣是被选出来的。

纯子：老师，我们刚刚说过选择是理性的行为，可是有时候，选择也可能是不经过思考的，那也算是选择吗？

老师：那就不是了。亚里士多德也曾以“深思熟虑后，根据本身意志所做出的行为”来表现选择的概念。也就是有个目的，为达成目的而深思熟虑。

稻夫：意思是说，为了成为社长，仔细调查社长是什么样的职位，然后对此深入思考吗？

老师：这也有点儿不一样。亚里士多德说，为达成目的而深思熟虑，并非针对目的深思熟虑。我们来看看他所举的例子吧：“医生不会针对要不要治疗病患深思熟虑，辩论家不会针对要不要说服听众深思熟虑，政治家也不会针对要不要施行德政深思熟虑。一般而言，任何人都不会对于目的深思熟虑，而是首先设定目的，接着考虑该如何达成目的。”

一郎：医生治疗病患本来就是天经地义的嘛。所以，只会针对治疗方式深思熟虑……

人的性格由环境决定？

纯子： 意思是说深思熟虑的结果就是选择。不过有时候，不选择也可能是种选择吧？

老师： 那就是“自由意志的问题”。亚里士多德的确说过，人也有采取不正当行动的自由，所以才必须负起责任。

稻夫： 这点我了解，不过，根据亚里士多德的理论，他曾经说过“人的性格”由环境决定。例如，要是在贫民窟长大的孩子与犯罪沾上边，他也不认为全都是那些孩子的错。

老师： 你说得没错。亚里士多德说：“人类也可能陷入各种不可能矫正的恶中。但即便是在那种情况下，就像不治之症只要在初期及早治疗也可能痊愈一样，人应该要为自己成为什么样的人负起责任。”

一郎： 所以，从某种程度而言，自己还是要为本身性格负起部分责任吧。

老师： 是的。因为“理想性格的形成”也是亚里士多德探讨的核心，所以他对这一点特别坚持。正好在第三卷中有相关描述，我先来介绍一下吧。谈到亚里士多德所谓的理想性格，你们会想到什么？

纯子： “勇敢”或“节制”之类的吗？

老师： 这些都包含在内呢。既然你都提起了，我们就从

“勇敢”和“节制”谈起吧。“勇敢”的确是最先被提到的。这是因为古希腊时代经常发生战争，对人们来说，这样的性格非常重要。

一郎：那时候的人觉得越勇敢越好吗？那我在古希腊时代，不就是个窝囊废啰。

老师：没这回事。在这里，还是要以“中庸”的概念来进行讨论较为妥当。所以，过度惧怕的人会被视为懦弱，毫无所惧的人也会被视为鲁莽无用。而“勇敢”介于两者之间。接下来要谈的“节制”，同样介于放纵与麻木之间。

稻夫：我对于亚里士多德所说的性格中，最先想到的是“正义”。

老师：关于“正义”的研究，就占了第五卷的所有篇幅。这是因为“正义”不像“勇敢”和“节制”，比较不容易说明。大家认为“正义”的极端或不足的状态是什么呢？

智慧有两种

一郎：好难的问题啊！我本来就不太了解“正义”的意义。

老师：那我们先来确认“正义”的意义吧。亚里士多德所说的“正义”，其实就是“公平”。

纯子：原来如此。这样的话，要去假设极端或不足的状态的确很困难。

一郎：咦？为什么？

纯子：如果比公平均分的分量拿得多是不正当，但拿得少就不能说是不正当吧？

一郎：原来如此。

老师：亚里士多德是这么说明的："正义虽可称之为中庸，不过和其他同为中庸的优良性格的情况不同。正义的意义单纯只是位于两个极端不正当的正中间位置。所谓的正义，指的是正当之人选择正当行为，和他人或两个他人之间，根据本身应得资格以比例分配的性格倾向。"

稻夫：现代也继承了这样的正义理论吧。

老师：现代理论当然深受亚里士多德影响，我想有机会再来介绍现代的正义理论。那么，让我们进入第六卷吧。在这里，卓越智慧成为探讨的问题，也就是一直被称为"智慧美德"的概念。亚里士多德又把这样的概念一分为二："理论性的"与"实践性的"。

纯子：所以，智慧分成两个种类啰。

老师：是的。优于理论智慧的为"理智"，优于实践智慧的为"思考辨别"。理智，是针对事物进行演绎判断的理论性思考。这点应该没问题吧。那么，所谓的思考辨别又是什么呢？

一郎：印象中，好像是贤人必须具备的要素呢。

老师：真是个好说法。所谓的贤，等于拥有思考辨别的能力。让亚里士多德来解释的话，具备思考辨别能力，就具备卓越能力，得以正确判断何者为善。

纯子：这么说来，高智商罪犯就不算是贤人吧。

老师：不算啰。因为不管头脑再怎么好，若不以善为目的，便不能称之为贤。就这层意义而言，优秀的性格与思考辨别的关系密不可分。所以，亚里士多德才会说，孩子也可能拥有理智，但是思考辨别必须凭借经验与年龄的增长才可能拥有。

和亚里士多德一起醉

稻夫：不过，拥有思考辨别能力的人也可能会犯错吧。这又是怎么一回事呢？

老师：这是亚里士多德在第七卷所讨论的“意志薄弱”的问题。即便拥有思考辨别能力，知道何者为善，有时却可能无法实践。例如，瘾君子明知贪杯醉酒会给其他人添麻烦，却还是照喝不误。

一郎：老师，这个例子真是说到我的痛处了。我常常这样。亚里士多德帮我说话，说这种情况身不由己了吗？

老师：很遗憾，并没有这回事。对于亚里士多德而言，人类是追求“eudaimonia”，也就是幸福的存在体，所以他并不认同明知对自己是负面的，仍采取行动的人。

纯子：但是，实际上人还是会采取那样的行动吧？这样不是相互矛盾吗？

老师：为了解决这样的矛盾，他是这么说的：“这里所产生的问题，在于当一个人暴露出意志的薄弱时，拥有多少正确的知识”。

纯子：他的意思是说，意志薄弱的人是因为知识不足，才会采取对自己是负面的行动啰。

老师：正是如此。也就是说，贪杯的人在当下只想着此举能获得的快乐，知识在那时就已经停止。

一郎：一般人都是这样的嘛。亚里士多德身为现实主义者，却不认同这一点，真让人伤脑筋。

老师：他就是在认清现实后，才提出这样的理想的。这也和他的政治论有关系。第八和第九卷就是政治论。也有人说是友情论，不过应该也能延伸称之为“社会关系”吧。他在书中同时论及理想的政治形态就是明证。

稻夫：理想的政治形态不就是民主主义吗？

老师：说到重点了。亚里士多德对于不论社会地位，所有公民都能以平等地位参与的民主制度提出了批判。

一郎：咦？为什么？

老师：这大概也和雅典当时的情况有关吧。据说，民主制度招致混乱和众愚政治。他的想法是，不应该连不负责任的人都被赋予权力。所以，他觉得君主政治或贵族政治，又或是拥有一定数量以上资产的人才能参与的中产阶级政体比较好。专制政治、寡头政治和民主政治都不行。

纯子：这的确是现实主义式的思考呢。我倒是对民主政治怀抱期待。

老师：为此，我们每个人都必须确实拥有自己的想法。关于这一点，我想下一次上课所介绍的笛卡儿，将会带给我们一些启发。所谓的“自己（我）”是什么呢？敬请期待下一次的课程。

《尼各马可伦理学》名句

伴随所有热情与行动而来的快乐与痛苦，培养出一个人的德行。

恰如其分地去感受愉悦或不快的情感，就是中庸，同时是至善，也称之为德行。

就像不治之症在初期及早治疗也可能被治愈般，人应该要为本身无可救药的恶负起责任。

亚里士多德
其人其事

亚里士多德

Aristotle（公元前 384~前 322）

古希腊哲学家。曾是柏拉图的弟子，后来批判其理念论（theory of ideas），并完成本身的形而上学体系。相对于柏拉图的唯心主义，亚里士多德的思想可说是现实主义。曾担任后来的亚历山大大帝的家庭教师，也曾于雅典郊外的吕克昂（Lyceum）创立学校。著作包括《尼各马可伦理学》《自然哲学》《政治学》等。

给对亚里士多德有兴趣的你——

推 荐 书 单

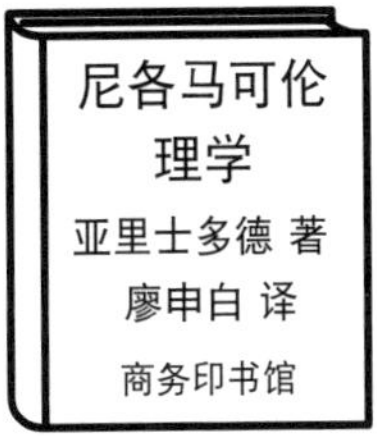

亚里士多德
的伦理学代表作

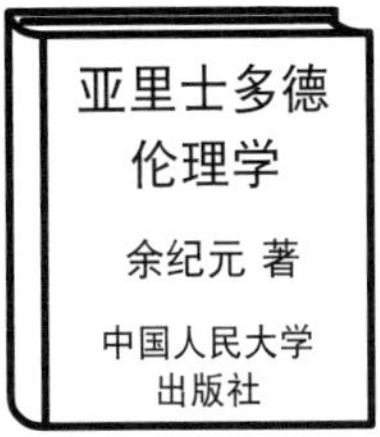

详细解锁
亚里士多德的伦理学

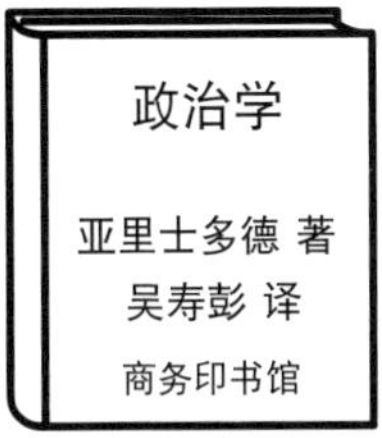

能够了解
亚里士多德的政治思想

第2课

笛卡儿
《谈谈方法》

要怎样才能拥有自信？

“我思故我在”

老师：大家今天也都齐聚一堂了呢。那么，我们这次就来谈谈近代法国哲学家勒内·笛卡儿所写的《谈谈方法》（*Discourse on the Method of Rightly Conducting One's Reason and of Seeking Truth in the Sciences*）。事实上，这本书就如同日文译本的书名“方法序说”的“序说”二字一般，相当于一部巨作的序文，以独立形式写成。

一郎：咦，是这样的呀？

老师：是的。原文完整的书名非常长，是“谈谈为正确引导理性在学问中探究真理的方法，加之上述方法的尝试，即折光学、气象学和几何学”。在《谈谈方法》之后，他又接连发表了《折光学》《气象学》《几何学》等与三种科学相关的论文。

稻夫：《谈谈方法》是科学书吗？我只知道“我思故我在”这句名言，以前都认定这绝对是一本谈意识之类的哲学书呢。

老师：不，所谓的“科学”是指应用层面，而《谈谈方法》本身应该可以称之为思考的方法论。所以，笛卡儿也在副标题加上“为正确引导理性在学问中探究真理”这样的语句。我们先来看看这本书的构成吧。

纯子：《谈谈方法》是由六部分构成的。

老师：对呀。除序文外，有六个部分。我们分别以一句话来说明各个部分。第一部分是“关于学问的各种考察”；第二部分是“我探究方法的主要规则”；第三部分是“我从此方法引申出的几个道德上的规则”；第四部分是“证明上帝以及人类灵魂存在的论证”；第五部分是“我所探究的自然科学的各问题的秩序，特别是属于心脏运动或医学等其他几个难题的阐明，以及我们人类灵魂与动物灵魂的差异”；第六部分是“我认为在持续探究自然的过程中，什么是必要的，此外又是什么样的理由促使我最终提笔写下本书”。

稻夫：后半段果然是科学书呢。

老师：这本书虽说相当于一部巨作的序文，不过内容也足以独立成书，主要是在说明如何运用提及的方法论。

一郎：稻夫刚刚说他只知道“我思故我在”这句名言，我也没想到这本书的内容会是这样。

老师：正因如此，像这样加以介绍才有价值。我们就赶快来看第一部分吧。第一部分谈论关于学问的各种考察，内容从说明所谓的“良知”的概念开始。

纯子：也就是le bon sens吧？

一郎：彭桑是谁？

纯子：真受不了你哎，一郎。那不是人名啦！

老师：这是“良知”的法文。“良知是世界上被最公平地分配的”，笛卡儿开宗明义这么宣示。就是“正确判断、区分真伪的能力”，也可说是“理性”。

稻夫：我对于是不是被公平地分配这一点，抱持疑问就是了……

与名为“世界”的巨大书籍相遇

老师：笛卡儿想说的是，每个人都平等地拥有与生俱来的良知，只是不同人会有不同用法罢了。

一郎：所以才会想谈正确的方法论……是这个意思吗？

老师：正是如此。

纯子：可是那个笛卡儿不是一直足不出户，窝在家里建构方法论吗？他应该天生就有一些特别的良知或理性什么的吧？

老师：不少人有这样的误解，但笛卡儿并不是那种“足不出户”的人哦。他在学校里除了语言学、古典学问，还念了法学、医学等，前前后后总共念了九年；他周游欧洲，最后甚至客死异乡。

纯子：咦！真是意外。

老师：对吧。当然在思考的时候，他就会窝在屋里沉浸于思索，然而绝对不仅于此。

稻夫：这样的人生，还真让人羡慕啊！

老师：笛卡儿是在博览群书、深入苦读后，才终于能舍弃书中的学问。他下了这样的决心：“我决定，今后仅探究或许只能从我本身，或名为“世界”的巨大书籍中所发现的学问。”接着便开始了旅行。第二部分，就是在这段旅程后写成的。

一郎：终于开始足不出户啦？

老师：还没到足不出户的地步，不过的确是窝在一间有暖炉的房里，人称“暖炉房的思索”的著名逸话。关于笛卡儿的个人形象，光是这个部分就被放大解读了。这里比较有趣的一点，是他所主张的“不论任何事物，根据单独一人的理性行之，较能成就完善”。

一郎：我能了解。同样的情况，在公司碰到上司乱出主意时反而难做事。可是又不能充耳不闻，只好按照别人的意见大致修正，但光是这一点就让人不爽耶。

老师：笛卡儿说的就是这么一回事。好比“通过各种师傅之手所完成的著作，其显现出的完成度，通常比单凭一人之力努力完成的著作较低”。或是，“与时俱进发展成为大都会的古老城市，与根据单一规划师想法，在平原上整齐规划建筑而成的要塞城市相较之下，就显得杂乱不堪”。

纯子：意思是说，先毁掉著作重新再做就好了？像都市，也不是不可能从空地开始重新打造吧?

稻夫：纯子，才没那么简单呢。不过，像遭受大空袭的都市，确实是在无可奈何的情况下，从空地开始重建一个整齐美丽的新都市。

老师：但是在脑袋里就办得到吧。笛卡儿想说的大概是这个。因为他是这么写的：“针对我本身至今所接受相信的所有各种见解，试着一次将之从本身信念加以彻底拔除，才是最好的。”

纯子：就是初始化呢。

将脑袋初始化的四种方法

老师：脑袋的初始化啊。原来如此。没错，经过刚刚所说的初始化后，再以新方法去思考。那就是笛卡儿以他持续关注的唯一学问——数学为蓝本，所构思出来的称作“四条规则”的理论。

一郎： 四条规则？

老师： 笛卡儿说只要有这四条规则就够了。第一是“明证规则”，这一规则是指除了在精神上，得以展现不抱丝毫怀疑的清晰或明确的事物，任何一切都无法成为判断内容。第二是“分析规则”，意指将问题分割成小部分的规则。第三是“综合规则”，意指思考从单纯事物循序渐进，向复杂事物迈进。第四是“列举规则”，也就是试着毫无遗漏地逐一列举。

纯子： 感觉好像慢慢理出头绪了。

一郎： 是吗？不愧是纯子。像我这种讨厌数学的人，听到这方面就觉得累。

要是在森林中迷路，就朝同一方向前进！

老师： 一郎，请放心。现在正好要进入第三部分，笛卡儿在这里也改变了行文语感。这里谈的是实际生活下去的道德或方法方面。他提出了三个准则。

一郎： 准则？又是数学吗？

老师：是行为的原理。没关系，这次的并不难。第一个准则是“遵守国家的法律与习惯”。

稻夫：呃，主张从零开始重新思考的，不正是笛卡儿吗？

老师：学问方面是这样没错，不过生活下去的原则方面就另当别论了。但是，关于这一点也有各种说法。由于当时正值天主教会积极查缉危险思想的时代，有人说笛卡儿是为了避免惹祸上身。

纯子：总觉得像被浇了一盆冷水耶。

老师：别这么说嘛。即便是笛卡儿，要是不能继续研究学问，一切就完了呀。让我们来看看第二个准则吧。那就是，“对于本身行动必须尽可能坚定果断，无论是多么不确定的意见，本身的坚定立场都必须不逊于怀抱极度确定意见的情况，一旦决定了就贯彻始终”。笛卡儿做了一个比喻，要是在森林中迷路，不要漫无目的地到处乱窜，必须朝同一方向勇往直前。

一郎：这很容易理解，只是跟学问方面的方法论差好多。现实生活和做学问，果然有很大的差别啊……

老师：可能吧。不过，那个森林迷路的例子还真是恰当呢。第三个准则是“与其克服命运，不如时时努力克服自我；与其企图改变世界秩序，不如时时努力改变自身愿望”。这也可说是谨慎保守，甚至是斯多葛式（Stoic）的克己禁欲倾向了。他是在警惕世人，别急躁地企图争取得不到的事物。

纯子： 可是谈到知识总免不了有贪欲，不是吗？

老师： 会有贪欲没错。不过由于是斯多葛倾向，可以说是能够基于良知加以判断，不是吗？

一郎： 哦，如果只有贪欲的话，就可能窜改信息或抄袭论文了嘛。

所谓的“彻底怀疑”

老师： 那么，我们就进入大家引颈期盼的第四部分吧。

纯子： Cogito要出现了吧？

稻夫： 什么是Cogito？纯子，你真的只是高中生而已吗？

纯子： 高中的伦理教科书中出现过啊。那是“我思故我在”的拉丁文“Cogito ergo sum”。Cogito是“我思”，ergo是“故”，sum是“我在”。所以，有人省略成“笛卡儿的Cogito”。

一郎： 真的假的？高中会教这么难的东西吗？

纯子： 一郎，我看你是在上课时打瞌睡了吧？

一郎： 真够犀利的……那时候才没有这么有趣的课，老师也只是自顾自地讲个没完。

老师： 一郎，先谢谢你的奉承啰。在进入第四部分之前，我们先来确认笛卡儿当年的动向吧。他在思索完第三部分后，其实又踏上了旅程，时间长达九年，还在旅程中见识到了各种事物。这样看起来，也可以看作提笔前的充电期吧。他从德国旅行到法国，又途经意大利回到巴黎，最后抵达荷兰，在此展开第四部分的思索。

一郎：他真是个旅行家耶。

老师：笛卡儿说过，在探究真理这方面，必须去做和生活完全相反的事情。换言之，不仅止于相信遵从，必须彻底排除疑问。这样的过程从怀疑感觉开始，去除谬误或推论，甚至是梦。他说："即便是可能萌生丝毫疑问的部分，都必须将之视为绝对错误，全部加以弃绝，其后则必须清楚检视本身信念中是否留存什么毫无任何疑问的部分。"

稻夫：那句"什么毫无任何疑问的部分"，就是纯子刚刚所说的"Cogito"吗？

纯子：是吧，老师？

老师：没错。笛卡儿是这么说的。虽然有点儿长，不过这段是最重要的部分，我就把这段念出来吧。"就像这样，即便是在思考所有一切都是虚假的当下，如此思考的这个我，也必然地必须是某种存在。我随之认定，即便怀疑论者将之评为多么异想天开的假设，'我思故我在'这样的真理都是难以撼动地稳固确实，同时也判断，要毫不犹豫地去接受这样的真理，是我

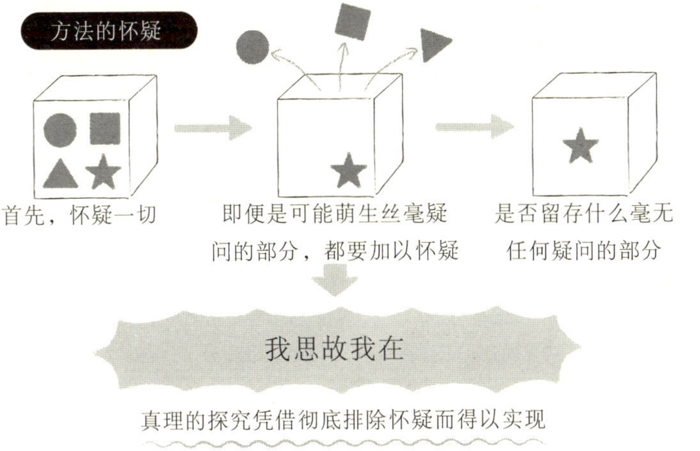

所追求的哲学第一原理。”这被称为“方法的怀疑”。

纯子：觉得好感动噢。

一郎：对啊。这个理论是笛卡儿历经漫长的旅程后，好不容易抵达的地方……

稻夫：你这个人，出乎意料地浪漫嘛。

一郎：拜托！“出乎意料”是多余的吧。

心灵与身体是不同的吗？

纯子：老师，“我思”的“我”为什么能说得那么绝对呢？我就没有那样的自信……

老师：这倒是。人总是没有那么完美。不过，笛卡儿是这么认为的。也就是说，虽然我们能够假设自己的身体以及自己所在之处可能不存在，却不能因此就说自己不存在。相反的，自己产生怀疑这件事，就只代表自己是存在的。而且，一旦否定自己在思考，那么确信自己存在的理由也会随之消失。

稻夫：所以，思考本身也就是自我的本质啰。

一郎：我好像明白了。不是有人说过“人是会思考的芦苇”吗？

纯子：是布莱士 · 帕斯卡（Blaise Pascal）。

老师：这里就要提出笛卡儿恶名昭彰的“心物二元论”。他将世界的构成分为精神与物质，也就是说彻底将心灵与身体一分为二。

纯子：这哪能一分为二?!青春期内心的烦恼，就是由身体的成长所引发的啊！

一郎：我们上班族的抑郁症也是。还有人因为过劳，罹患心理疾病而自杀。

稻夫：还有一句话是说“病由气生”。

老师：但是笛卡儿不这么想。精神会思考，物质不会思考，所以身体就像是机械般的东西。动物也一样。

纯子：太差劲了，我们家的梅雅丽就会好好思考呀！

一郎：梅雅丽是……？

心物二元论

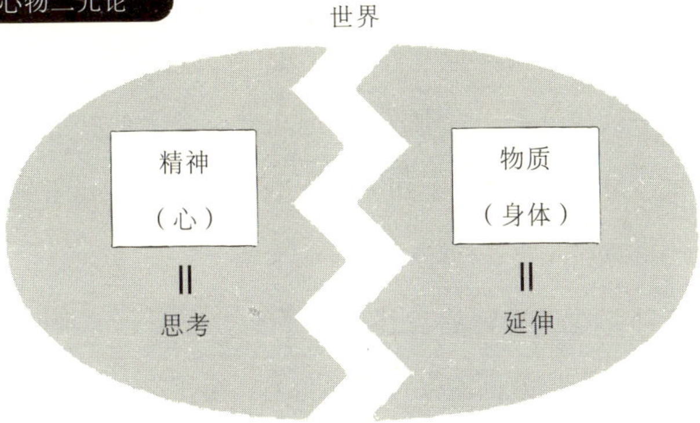

世界由所谓精神与物质截然不同的要素所构成

纯子：我的宠物，一只迷你吉娃娃。

老师：还有一个问题，笛卡儿认为根据上述“我思”理论，必须彻底承认上帝果然是存在的。

稻夫：既然“我思故我在”，就不需要上帝了吧？因为只要顾好“我”就好啦。

老师：原本应该是这样的，但是既然有个产生怀疑的我，那么当下的我就不完整。应该还有另一个存在成就完整的我。那个存在，除了上帝以外就没有其他解释了。

一郎：这难道不能解释成，我从一开始就注定能够趋于完整吗？

老师：让笛卡儿来说的话，问题不仅在于我们的不完整性。他有个三角形的例子：即便知道三角形的内角总和为180

度，也无法证明三角形存在于世上这件事，与上帝是否存在这样的命题没有关联。

纯子：也就是说，刚开始的那一步无论如何就是需要上帝吧。虽然是哲学，感觉上却更像是《圣经》。这和我印象中的笛卡儿还真有点儿不一样呢……

老师：他这部分的论述引发了不少批判。像刚刚提及的帕斯卡，对于这方面的批评就很著名。换言之，就是他所谓的"笛卡儿在他的哲学论述中都企图撇开上帝，但是他又不得不凭借上帝的轻轻弹指，促使整个世界动起来。除此之外，他就再也用不着上帝了。"

稻夫：那个"弹指"意义重大耶。为什么笛卡儿会这么拘泥于上帝呢？

老师：这大概也是时代背景的制约吧。很难让人完全摆脱经院哲学的残存影响。不过，也不能因此就全盘否定其价值。像他的方法论——"根据完整的我所进行的怀疑性思考"——还是有效的。我想，大家继续看到第五部分以后，在自然科学方面的应用就能了解。

纯子：笛卡儿真是博学多闻。

老师：第五部分的内容也相当可观，前半部分是关于物质、宇宙等，后半部分则是人体。我们就先从前半部分看起吧。笛卡儿在此展开了他的物质论，并且对亚里士多德的物质概念提出批判。根据亚里士多德的理论，物质中预先具备应有的理想样貌。

但是对笛卡儿来说，人类头脑中具备以数学为基础的无限智慧，而所谓的物质，纯粹只是以数学观点加以掌握和表现的东西罢了。

一郎：这样的想法倒是挺有趣的。

老师：是啊。以数学为蓝本将物质的本质视为空间性的“延伸”，真不愧是心物二元论者笛卡儿想出来的。在内容后半段论人体的部分，同样可以看见二元论的想法。

纯子：老师，解剖在当时一度蔚然成风吧?

老师：对，像伦勃朗等人的画作中也出现过这样的主题。

纯子：是那幅《尼古拉斯 · 杜尔博士的解剖学课》吧?

老师：你还真清楚呢。当时正值解剖学的萌芽期，难怪好奇心强烈的笛卡儿也对此着迷不已。他到最后对医学相当关注，据说还会从肉贩那里买肉解剖。

稻夫：我对笛卡儿已经完全改变看法了。与其说他是个哲学家，不如说是个科学家更为恰当。

老师：或许吧。他对人体构造详尽研究后，结果以机械论来加以说明。

一郎：像机器人那样吗?可是，人类是有心的……

老师：这就是问题所在。事实上，笛卡儿对机器人和人类的区别进行了一番思考。结果，他将焦点放在人类特有的“理性”，也就是说，人类拥有一颗心。

一郎：那他又是怎么解释心灵和身体的关系呢？

纯子：一郎，我们刚刚不是提过“心物二元论”了吗？笛卡儿说，心灵是心灵，身体是身体。

老师：的确是这样。这样的笛卡儿，其实也曾隐约流露出他的苦恼。当他在回答伊丽莎白公主的相关提问时，不知道是不是在情急之下，曾表示大脑中的松果体正是心灵与身体产生交互作用之处。但是，他却无法证明这样的说法。“心物二元论”终究无法说明两者间的关系。

稻夫：笛卡儿自己也有未解的课题呀。

拥有自信所不可或缺的事情

老师：最后的第六部分则说明了今后的展望。他宣布将潜心研究医学，大概也是想要解决“心物二元论”所留下的课题吧。我喜欢的部分，是他在这里刻意写下自己不会从事对人有害的研究的字句。综观历史的发展也是如此，许多科技屡屡被滥用于战争，甚至是军事目的技术研发。即便这些技术事后可能被运用于不同方面，让人类的日常生活变得更为丰富多彩，但是只要最初是以伤人为目的，就不该受到认同。

一郎：笛卡儿真是研究者的典范啊。详加观察、深入思考，而且绝对不让那样的智慧被拿来作恶。

老师：我觉得这点也和笛卡儿的自信有所关联呢。我想，对自己没有一定自信的人，脑袋里是不可能浮现出“我思故我在”这样的想法的。大概必须具备奠基于广博见识，缜密观察、思考后的经验，还有扎实的伦理观，才可能让自己拥有这样的自信吧。

纯子：所以，想让自己拥有自信是没有快捷方式的啰。不过，这样也可以安心了。反正好好念书就对啦。

一郎：要是让纯子继续用功下去，我根本就望尘莫及啦！

《谈谈方法》名句

良知是全世界被最公平分配的。

只有将任何可能萌生疑问的部分，不放过丝毫可能性地加以彻底弃绝后，本身信念中才能随之留存毫无任何疑问的部分。

“我思故我在”这样的真理，不论遭受什么样的质疑，都是难以撼动的。

笛卡儿
其人其事

勒内·笛卡儿

René Descartes（1596~1650）

近代法国哲学家。欧陆理性主义（Continental Rationalism）创始者，构思出取代经院哲学的新形而上学。他所提出的“我思故我在”象征了近代哲学原理，被誉为近代哲学始祖。他也以身为创造解析几何学的数学家，闻名于世。著作包括《谈谈方法》《第一哲学沉思集》《情绪论》。

给对勒内·笛卡儿有兴趣的你——

推 荐 书 单

第一哲学沉思集
笛卡儿 著
庞景仁 译
商务印书馆

推荐给想要更详细了解笛卡儿形而上学的人

谈谈方法
笛卡儿 著
王太庆 译
商务印书馆

笛卡儿的代表作之一

笛卡儿
索雷尔 著
李永毅 译
译林出版社

了解笛卡儿的入门书

第3课

洛克
《人类理解论》

为什么经验如此重要?

一切皆源自于经验

老师：今天要讲的是约翰 · 洛克（John Locke）。

一郎：我知道洛克这个人，他提过社会契约论吧？

老师：他的确是个社会契约论者，拥有政治思想家的一面，因为他还留下了一本称作“政府论”或“政府二论”（*Two Treatises of Government*）的名著。但是，在此我想着重于洛克的另一面。他同时也以英国经验主义（the British Empiricism）哲学家的身份闻名于世。

稻夫：也就是哲学家洛克吧。

老师：是的。关于人类的理性，有所谓的“观念主义”

（Idealism）与“经验主义”之争。“观念主义”肯定人都有与生俱来的天生观念，“经验主义”则否定这样的说法。大家觉得哪一派是正确的呢？

纯子：虽然无法一概而论，但是我觉得天生观念比例上虽少，多少还是存在的。毕竟基因遗传的观念是种常识吧。

老师：不过对洛克来说，一切皆源自于经验。只是有一点必须注意的是，洛克所谓“经验”的意义。经验的定义包含了“感觉”与“反省”。感觉意指外在事物对人类感官，也就是视觉、听觉、触觉、嗅觉、味觉所产生的刺激，传达至心灵。大家了解反省的意思吗？

一郎：我可是常常都在反省呢。因为失败过很多次嘛。

老师：这里所说的反省有点儿不同。哲学中所谓的反省，译自“reflection”，也就是人类感知本身内在心灵的各种作用。好比对于内心的思索、疑惑或意志等有所知觉，也被称作“内在感觉”。广义来说，就是感觉。

理性是精神的最高能力

稻夫：可是，为什么洛克会说“经验就是一切”，把话说得那么死呢？

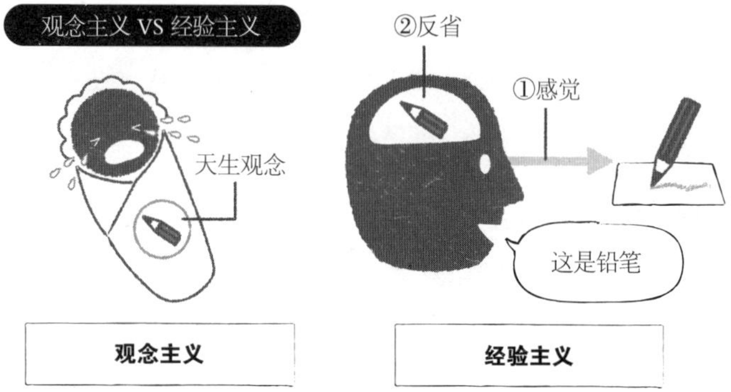

经验主义则否定这样的说法，认为一切皆源自于经验

老师：那我们就赶紧来看看，他为什么会这么说吧。首先是全书结构，这本书由四卷构成。第一卷的主要目的是反驳天生观念。第二卷是关于“观念”，内容分成单纯观念与复杂观念并加以讨论。第三卷陈述的是关于观念的记号——言语文字，也就是语言的正确使用方法。

在最后的第四卷，则是借由真知与臆测的相关探讨，论及知识及其来源——人类理性的相关问题。由于四卷的分量相当可观，在此无法平均讨论所有内容。我想今天就把核心放在明确讨论到洛克的“经验主义”所依据的第一卷和第二卷吧。洛克在第一章绪论中，便主张“理性的探索既愉悦又有用”。

纯子：洛克本身，应该是在以经验琢磨理性的过程中，感受到某种意义。这样的人，的确可以引发我的共鸣。

老师：是啊。他认为，理性是精神的最高能力，所以运用理性是种远胜于其他能力，且永恒不变的喜悦。这样的理性探索，甚至可说是一种狩猎，那种追求本身就是快乐。

一郎：洛克的目标是理性探索吗？

老师：不，应该说是探索理性的根据吧。所以他才会说："我们所追寻的目标在于人类真知的起源，探究绝对的确实性与范围，同时探究信念、臆测以及同意的根据和程度。"

稻夫：所谓的"理性的根据"，要怎么去探究呢？

老师：洛克提出了三个方法。第一，研究本身心灵所拥有的，以及本身所意识到的内容的观念起源，还有上述观念形塑理性的方式。第二，理性根据上述观念所拥有的知识，对此标示出其确实性以及范围。第三，深入推敲某项命题，虽然尚未具备某种确实知识，却同意该命题为真的理由以及程度。

一郎：真是抽象啊。

老师：这些方法的详细内容会逐渐明朗化的。我们先来谈谈具特征性的部分吧。好比论及怀疑主义和怠惰之处。"我们有时也会因为根本无法完全理解任何事物而感到绝望，随之完全不想动用思索能力。又或主张怀疑一切事物，认为有些事物根本无法理解的否定一切知识的怀疑主义，很容易让人萌生怠惰的马虎态度。"

纯子：我能理解这一点。完美主义者就是这样吧。只要稍微不了解，就再也无法前进了。

稻夫：我是不了解这在学问方面会怎么样，在工作上可是行不通的。

老师：洛克表示，关于理性也是如此。他说，没必要将研究对象扩充至能力范围之外，或是钻研到难以自拔。他就是基于这样的观念，写出《人类理解论》(*An Essay Concerning Human Understanding*)一书。接下来，就谈到"观念"方面了。

一郎：我还是不太了解"观念"这个词耶。

老师：这里是指思考对象的意象、意念或形象，就是任何人在思考时的内心所感。问题就在于这个观念是怎么产生的，这也是洛克所提出的问题。

纯子：老师开宗明义就说过了。是与生俱来就拥有的，或是经验的产物。

老师：正是如此。洛克的立场是否定与生俱来的观念，也就是天生观念。他还说，只要能够证明即便缺乏天生的"共同观念"，同样能造就所有知识就行了。

一郎：例如？

老师：像是色彩。所谓红、蓝之类的色彩观念，是经由经验、学习而逐渐具备的。他也举过这样的例子。"同一事物无法既存在又不存在"的相关论证。大家了解这句话的意义吧。

稻夫："同一事物无法既存在又不存在。"的确是不可能同时成立的。

老师：稻夫，你是从什么时候开始知道这个道理的？

稻夫：这个嘛……大概是从小学的时候开始了解这句话的意义的。

老师：不过，这样的知识并非原本存在的；直到你成为小学生才显现出来，完全是凭借后天理解慢慢领悟。洛克是这么说的，所谓的心灵就像这样被赋予得以运用推理能力的材料，也就是“观念”，在逐渐学会使用理性后，才得以理解命题并加以同意。

任何人都知道“甜中带苦”？

纯子：那感觉又该怎么解释呢？像味觉之类的，不是与生俱来的吗？

老师：洛克也举过这个例子噢。婴儿在懂得运用理性，以及在学会说话之前，就知道什么是甜的，什么是苦的。不过，这还是与经验密不可分的。换句话说，婴儿吃到甜的东西会开心，吃到苦的东西就会皱眉或放声大哭。就是在这样的过程中，才开始懂得区分甜与苦。

一郎：的确和一般所熟知的甜和苦不同，若是首度品尝到的味道，没试过就不知道了。光是说“甜中带苦”，又不是每个人都能理解。

老师：就是啊。如果“甜中带苦”的观念是与生俱来的，那么任何人在尚未实际经历之前，都应该有所共鸣才是。这里就以洛克的表现方式，来总结一下他否定天生观念的理论吧。首先，我们是否能说孩童在达到能够思考、了解或同意的年龄时，心中已存在如同被雕刻下来的、刻印般的内容？然后，我们是否能说他们不知道这些将来会成为源自上述刻印的知识及推理基础的概念？

而且，有没有可能哪个人并不知道至少他人都知道的事情？又或者，若上述的刻印是天生的，那么从最不会受到他人意见或风俗习惯左右的孩子身上，应该最能被毫无遮掩地清楚彰显出来，事实上是否彰显出来了呢？

稻夫：像圆形不是四角形或“1 + 1 = 2”这类理论性的事例，正如他所说的没错。但是，善恶这类道德事例又该怎么解释呢？我认为，每个人都有某种与生俱来的本性，或者说天生的东西。

老师：洛克也否定这一点。换言之，他质疑“所有人意见一致的道德原理等存在的可能”。好比维护正义或守信等，在道德上永远是正确的吗？战争就是以正义之名发动的。黑帮也是在收钱之后，信守约定去干坏事的。

纯子：所以说，每个人的道德观都不同。

老师：正是如此。那么接下来，我想以稍微不同的角度来深入检视这个观念的本质。洛克将所谓的观念区分为两大部分，那就是“单纯观念”与“复杂观念”。

观念

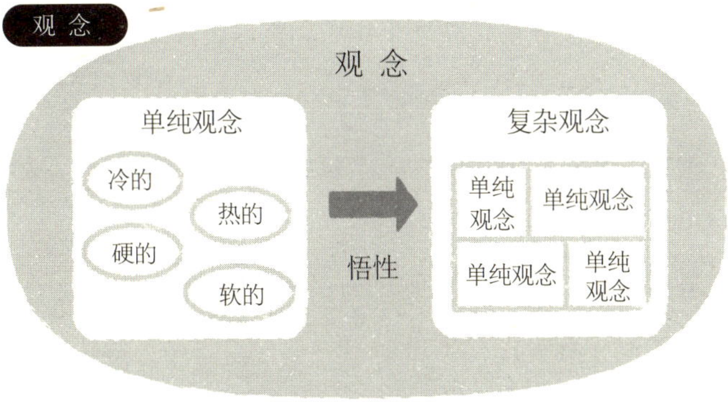

从感觉所获得的单纯观念，通过悟性，建构出复杂观念

一郎：有什么不一样呢？

老师：一言以蔽之，两者的关系是单纯观念调和后，形成复杂观念。我们来看看其中的顺序吧。接受单纯观念时，理性可说是被动的。换言之，这和是否为本身所愿无关，只是强加之于心罢了，就像我们无法拒绝或变更镜中影像一样。

稻夫：意思是，来自于五感的东西？

老师：先这样理解可能比较好懂吧。根据洛克所言，我们所谓的知识，实际是由性质、样式和范围三要素所构成。好比通过感官所获取的性质，会通过视觉或触觉单纯进入观念之中，比如冷的、热的或是软的、硬的等。通过不同感官进入的就是单纯观念。

纯子：就像是知识的素材呢。

老师：是啊，我们就是凭借上述的感官或反省，在心中浮现出单纯观念。在单纯观念累积后，加以比较结合的能力就是悟性。正是悟性，建构出复杂观念。

稻夫：老师，刚才说我们是通过五感获取单纯观念，那部分可不可以说得更详细一点儿？

老师：好的。提到将物体知识输入理性的方法，除了上帝赋予人类的下列五项，不做他想。那就是听声、辨味、闻香、见物和触摸这五感。而认知单纯观念的方法有下列四项：凭借单一感官进入心灵的观念，凭借多数感官进入心灵的观念，单纯凭借反省所获得的观念，还有凭借所有感觉和反省在心中所浮现的观念。

一郎：说到凭借单一感官进入的，像是色彩吗？

老师：色彩或是光线，红、蓝、黄，等等。香气、味道、热度也是如此。不同范畴又有各种不同的种类，所以这里谈到的单纯观念不计其数。

纯子：那凭借反省所获得的观念呢？

老师：感知与意图。感知在此是指思考，而思考能力是悟性。意图的力量就是意志。

稻夫： 意图的力量就是意志?

老师： 意图 = 想法，把心中所想化为可能的力量就是意志。在此顺便说明，所谓凭借感觉与反省所获得的观念，就是快乐、痛苦或不安等。

一郎： 我现在很清楚单纯观念了。可是，把那些东西加起来就形成复杂观念，又是怎么一回事呢?

美丽的花朵是……

老师： 差不多该进入复杂观念的部分了。复杂观念意指以单纯观念为基础，或以之为材料所形成的观念。据洛克所言，复杂观念是由“样貌”“实体”和“关系”三大部分所形成。我们先从最容易理解的实体谈起吧。所谓的实体，就是“将本身单纯成立的个别事物，加以表象化的单纯观念的合成”。

一郎： 老师，可以请您举一些具体实例吗?

老师： 洛克举出铅的概念。他说伴随着一定程度的重量、硬度、延展性和熔点等，所谓“暗沉偏白”的单纯观念才能与实际形态相互链接，我们也才得以拥有铅的观念。接下来则是样貌，所谓的样貌并非实体本身，而是实体性质或作用的相关概念。例如，花是实体。有哪些概念能够表现出花的性质呢?

纯子：美的概念吗？

老师：美丽的花朵。没错。只不过，上述样貌分为两种，其一是“一打”（a dozen）或“一分”（a score）等名词，同样都是单纯观念的变形，绝对不会与其他观念有所混杂。这称为单纯样貌。相对地，也会有数个不同种类的单纯观念组合后，仿佛形成单一复杂观念般的复合性样貌。例如，前述美的概念，是由观看者的感受所萌生的色彩或形状的组成，就称作混合样貌。这其中的关系是怎样的？说到表现关系的观念，你们会想到什么呢？

稻夫：原因或结果？

老师：那的确是关系性没错。或者“大小”“亲子”等，主要是相关事物相互对比后所获得的观念。

纯子：像这样听着听着，慢慢觉得这和语言的问题有着密切的关系……

老师：你注意到了好问题呢。这就是第三卷的主题，语言有如观念的符号。所谓的语言，就是在自己心中将概念转换成符号，并加以运用。

一郎：也可以说是“向他人表明心迹”吧。

“tabula rasa”是“白纸般的心灵”

老师：是啊。因为观念开展的舞台是心灵。说到把心灵作为舞台，大家知道“tabula rasa”吗？

一郎：tabula rasa？

老师：这句拉丁语的意思是说什么都没写的板子，即白纸般的心灵。换言之，我们经由经验所获得的观念，会被逐一写进白纸般的心灵中。这句话并没有出现在书里，只是常被用于象征洛克的经验主义，所以也约略介绍一下。

纯子：在《人类理解论》中，又是怎么形容的呢？

老师：书中说，“就将心灵假设成完全没有文字的白纸，没有丝毫观念吧。心灵要怎么样才能具备观念呢？……对此，我只有一句话回答：根据后天的经验。经验让我们所有的知识有了基础，后天经验即为一切知识的终极来源。”

稻夫：这种比喻还蛮容易想象的。

一郎：知道经验就是逐渐将观念写入心灵后，让人重新感受到经验的重要性呢。

老师：人就是像这样慢慢成长的。如同以上所述，洛克所主张的人类悟性，为奠基于感觉的同时，也能将之视为自然而然对社会产生作用的理性所形成。

纯子：对了，老师，洛克的经典代表作《政府论》的政治思想，与这样的经验主义有什么关系呢？

老师：这个嘛，他并不是公开反对宗教性的传统，大概只是想改变当时具有特权的神职者等垄断知识的状况吧。因为他主张，活用诸如感觉以及理性等任何人都具备的感官，就能获得知识，这也和将知识释放给一般公民有极大关联性。只要公民能够拥有批判性、主体性的悟性，就能以社会中坚分子之姿参与社会运作。

稻夫：原来如此，这里就慢慢和社会契约论有关系了呢。

老师：我是这么想的。近代哲学家在各种不同的领域绞尽脑汁、冥思苦想，展开深入讨论，而各种理论其实都息息相关。能推敲出这样的道理，也可说是阅读名著的醍醐味。

《人类理解论》名句

一旦承认“天生观念”的存在，人类对于知识的探究就会戛然而止。

关于知识的探究，完美主义促使思考停止，怀疑主义则催生怠惰。

心灵是完全没有文字的白纸，没有丝毫观念。一切知识的终极来源即为经验。

洛克
其人其事

约翰 · 洛克

John Locke（1632~1704）

英国哲学家，英国经验主义创始者。批判天生观念，主张一切源自经验。此外，在政治思想领域也基于社会契约论的立场提倡理论，对于美国《独立宣言》、法国《人权宣言》的影响深远。著作包括《人类理解论》《政府论》《教育漫话》。

给对约翰 · 洛克有兴趣的你——

推 荐 书 单

了解洛克社会契约论等政治思想的主要著作

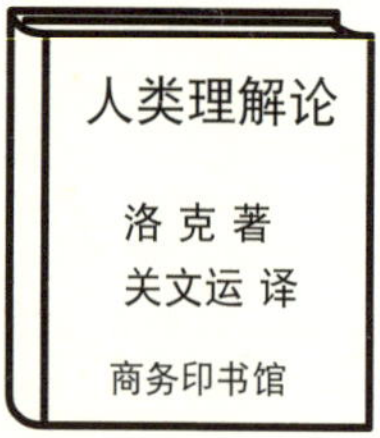

洛克的主要哲学著作

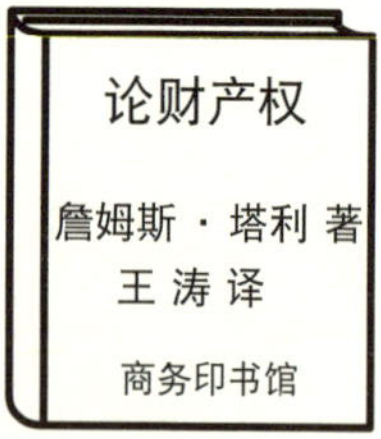

西方洛克研究的经典之作

第4课

卢梭
《社会契约论》

大家要一起针对某事物做出决定时，该怎么做才好？

握握拳张开手

老师：今天要讨论的是卢梭的《社会契约论》。在绝对王权时代，民众该如何以自己的双手打造社会呢？或许可以这么说，活跃于十八世纪的卢梭借由本书，为其后的近代社会建设打下了基础。

纯子：这本书曾是法国大革命的《圣经》，对吧？

一郎：革命的《圣经》……他是危险分子吗？

老师：我们先来谈谈卢梭是个什么样的人吧。他在三十八岁时，参加有奖征文活动获奖，这也成了他崭露头角的契机。就这样，到了一七六二年，卢梭于五十岁时出版名著《社会契约论》。

稻夫：没想到他出道这么晚啊。

老师：卢梭家境清寒，年轻时做过学徒、仆役等工作，过着颠沛流离的生活；后来辗转结识对沙龙握有掌控权的贵夫人。他曾坠入爱河，也曾因为未获得良好教养而反复偷窃、撒谎，最后好不容易才借由钟爱的音乐安身立命。卢梭音乐家的身份也很有名呢。那首《握握拳张开手》的乐曲，正是由卢梭所作。他后来虽以思想家的身份广为人知，不过当年穷困潦倒的卢梭，晚年也是靠着音乐勉强糊口度日。

一郎：这还真是所谓的“只要一技在身，不愁无处谋生”。

老师：卢梭的确是多才多艺。大概也是因为如此，他以思想家的身份出道才会那么晚吧。至于他是不是危险分子这一点，《社会契约论》的内容在当时的欧洲社会，仍被视为危险思想。他也因此遭受迫害，在历经长期流亡生活后，最终罹患精神疾病。晚年的卢梭在绝对称不上“幸福”的情况下，结束了六十六岁的人生。

纯子：还真是惊涛骇浪啊！这样的人竟然会对法国大革命产生那么大的影响！

老师：卢梭的思想还不至于直接引发法国大革命，不过，他的思想的确产生了深远影响。事实上，据说听众当时就在公共广场，对着为《社会契约论》做出进一步解释的人大声喝彩。

一郎：那本《社会契约论》是打造国家的方法入门书吗？

老师：简单来说，或许是这样没错。让我们进入它的内容吧。先从目录开始。这本书分为四卷，第一卷探究人类如何从自然状态转移至社会状态，以及社会契约论的各项本质条件为何。第二卷谈立法，第三卷谈政治法，亦即政府的形态。最后第四卷的核心，在于巩固国家体制的方法。

稻夫：好像也能学到政治的相关学问呢。

人生而自由

老师：因为这本书的副标题就是“又论政治权利的各项原理”，那么，我们就从第一卷开始，依序看下去吧。第一章有个著名的部分。虽然有点儿长，不过还是稍微介绍一下。“人生而自由，但却无时不在枷锁之中。有些人自以为是其他人的主人，这些人却比其他任何人都更像奴隶。到底为什么会出现这种变化呢？我不清楚。到底是什么让这种变化正当化的呢？我相信这个问题终能获得解答。”大家从这段看出了什么呢？

纯子：以人生而自由为前提。他也点出尽管如此，人却在社会中备受束缚的现实，是吗？

老师：还有呢？

一郎：显示出他想要解决那个问题的决心？

老师：是啊。本来应该自由的人们，却在过着社会生活的同时，反而变得不自由了。所以必须消弭这样的状态，这么说来，除了创立社会新秩序之外别无他法。

稻夫：那个社会秩序就是所谓的社会契约吗？

老师：会变成那样没错。该怎么创立社会秩序呢？在以往的绝对王权之下，人民长期遭受暴力压迫，卢梭表示，像这样所形成的秩序并没有正当性。

纯子：所以，有没有正当性是重点。

老师：是的。卢梭在此除了暴力之外，也批判既成事实同样没有正当性。例如，亚里士多德是在奴隶存在的事实作为前提条件下，论述社会制度。但是，所有人理应生而自由。卢梭主张应该以此为前提加以思考才对。

一郎：卢梭想象中的社会，是不是有什么范本存在呢？

以家庭为模板建立社会

老师：那就是家庭。卢梭认为，所谓的家庭是根据意志的结合而成立，所以此理或许也能运用于政治社会。我来念一段好了。"领袖就如同父亲，人民就如同子女，而所有人都生而平等自由，每个人只会为其利益让渡自由。"那所谓的"为其利益让渡自由”是精华所在。

稻夫：以家庭为例，感觉好像能够理解了。好比孩子将本身的自由托付给父母，部分原因也是因为父母能保护自己。孩子自己倒是不太了解这层道理就是了。

老师：他所说的，正是要大家试着以国家规模去思考这样的原理。卢梭认为，只要能以利益为目的，在彼此同意的情况下让渡自由，就能打造像家庭一样的理想国家。

纯子：可是老师，我觉得在社会中让渡自己的自由，好像都没好事……

老师：卢梭也考虑到了这一点。所以他说人民难有所获的让渡是不行的。他甚至还说，无条件放弃自由，等同于放弃身为人的资格。

一郎：所以，才必须事先经由契约，清楚界定内容。

老师：正是如此。让我们来看看卢梭所谓的社会契约的内容吧。卢梭认为，人类若处于自然原始状态，是无法继续生存下去的。因此，必须借由人民力量的总和成立社会。他的目标是“在个人和其他所有人联结的同时，个人不会仅遵从于自己本身，也就是与以前一样自由”。

稻夫：让渡本身自由的同时，还能跟以前一样自由……这有可能吗？

老师：“各参与联合者将其所有权力完全让渡给共同体。”

他说，借由这个方式就有可能。换言之，就是所有人的自由全面让渡。

纯子：原来如此！就像把自由让渡给某个人一样，实际上让渡对象就是自己，当然就可以持续享受自由啦。

老师：说得没错。卢梭将社会契约的内容概述如下："我们各个个体都遵从公意的最高指示，将身体和所有力量都化为共同所有；各个成员从而成为难以从整体分割的一部分，一同领受（所有权力与自由）。"

稻夫：这听来很像共有的概念，如果真的是共有，就不可能毫无所失吧？

老师：当然。自由的全面让渡其实伴随着强制，只是那种强制称为对于自由的强制。而且当强制产生的当下，事实上一定会有所失。那是自然的自由。取而代之的是获得道德自由，又或是公民自由。这也可说是一种更大的自由。

一郎：自然的自由？

老师：意指在自然状态中所享受的自由，也就是随心所欲的幸福。但是对于卢梭而言，那并非人类应有的样态。相反地，人类理应遵从义务或理性规范自我，那才是真正的自由。所以，卢梭将这样的自由称为道德自由或公民自由。

稻夫：人们为追求这样的自由，才会同意遵守契约……

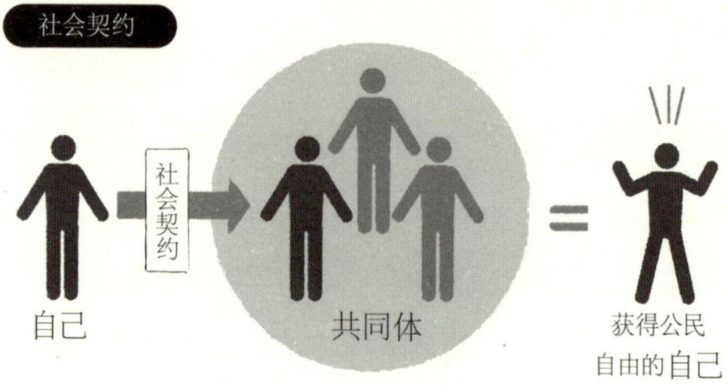

全员根据社会契约全面让渡自由的结果，
反而能够获得公民自由

整合众人意见的方法

纯子：可是，大家的意见能够那么一致吗？

老师：这就要看“大家的意见”如何被定义了，但是，他说这和“众意”是不同的。

一郎：哪里不同？

老师：按照卢梭的说法，“公意仅考虑共同利益。众意仅考虑个人利益，那只是个人意志（特殊意志）的总和罢了”。换言之，所谓的公意是以每个人的共同利益为目的，其性质和单纯由个人“特殊意志”的加总完全不同。

一郎：您是说，至少得是全员都同意吗？

老师：或许也可以这么想。卢梭对于公意是这么说的，公意就是“从特殊意志中扣除彼此最为相互对立、否定，或最不对立、否定的极端部分后，所留下的扣除总和”。

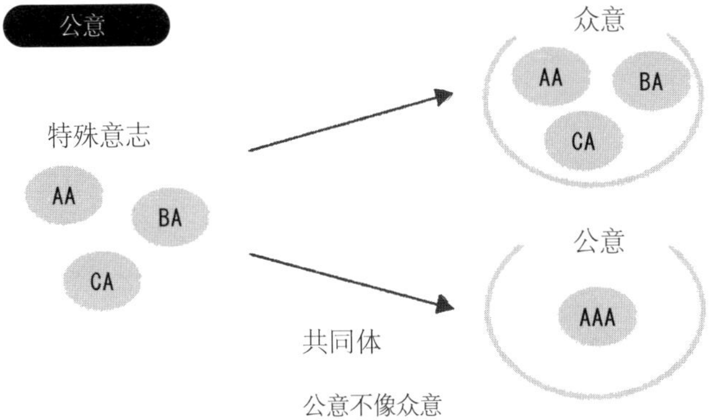

公意不像众意
单纯只是特殊意志的加总，而是共同利益

稻夫：这样或许是可能的。不论全日本一亿人的意见有多么不相同，总不会有人反对日本宪法的三大原理，否则很难生活在同一个国家。

纯子：你是说主权在民、尊重基本人权，以及和平主义吧。大家对于和平主义的一致意见很难界定，不过确实就像你所说的。

一郎：所以说，那个公意就像法律一样，要靠投票决定啰？

老师：不，那可不一样。重要的是共同利益，而非数量，因为所谓的投票，有时也可能出现违反共同利益的结果。卢梭表示，就这层意义而言，即便是全体一致，有时也可能是危险的。

纯子：这么一来，充分讨论就变得很重要了。

老师：嗯，每个人都有自己的意见，彼此争论激荡是非常重要的。卢梭根据此观点，否定所谓的“部分性社会”。因为若国家中存在部分性社会，而那个社会也握有力量，个人意见就可能遭到封杀。

稻夫：就像是政党的党内决议约束之类的吧。

老师：姑且不论好坏，卢梭想说的，正是诸如此类的情况。

纯子：像学校班上要决定什么事情的时候，总是很难统合大家的意见，导致最后通过的都是比较会吵的小团体的意见。不过，只要清楚意识到卢梭的公意，感觉好像就能解决了。这真是大家做决定时的秘诀耶！

老师：是的，只要找出最大公约数就对了。这是需要大家互相对话的，班级是大家的嘛。比喻成国家的话，每个人都应该拥有主权。

政府受国民所雇佣

一郎：卢梭对于主权是怎么说的呢？

老师：好问题。第二卷主要就是在讨论主权。主权是行使立法的权力。所谓的立法是公意的展现，所以主权一直以来都与公意密切相关。主权就是公意的行使，因此绝对不能让渡，也不能分割。主权也具有绝对性力量。

稻夫：既然具有绝对性力量，所以也可以对国民做出无理的要求？

老师：那可不行。主权不能超越公众的约定范围，因为主权仍受到整体共同利益的公意所约束。

纯子：可是，有时候公众认为是好的而做出的决定，到头来却可能不好啊！

老师：卢梭为此表示，立法者必须发挥启蒙者的角色。他们的角色在于协助身为主权者的人民，做出正确选择。

一郎：政府又是什么样的角色呢？

老师：这在第三卷中会提到。一言以蔽之，政府的角色在于执行法律。根据卢梭的说辞，立法权是国家的意志，执行权则是国家的力量。若缺少那样的力量，国家便无法建立。不论构思出多么好的点子，都无法向前迈进。

纯子：看看日本的内阁就知道了。

老师：他们本来的功能是汲取我们的意志，忠实地加以执行呢。卢梭也将政府称作“支配者”或“统治者”，不过他的意思并不是身为主权者的人民，是他们的被支配者。支配者只不过是主权者所雇佣的人罢了，所以人民不但能够限制他们的执行权，也能将他们解聘。

网络社会实现卢梭的理想？

一郎：那要怎么做呢？

老师：卢梭的构想是定期集会。

一郎：所有人一起？

老师：是的。“主权者希望保有政府目前的形态吗？”“人民希望继续由目前委托的对象负责管理吗？”诸如此类的问题，由大家投票决定。

稻夫：可是，如果不是小到一定程度的国家是没办法做到吧。

老师：卢梭也是这么说的。当今的日本大概很难做到。

纯子：幸亏现在有网络，可能性也慢慢变大了，不是吗？

老师：或许有这个可能。只不过，是否可称之为卢梭的理想国家就另当别论了。

一郎：卢梭所谓的理想国家是什么样子？

老师：卢梭并没有说有个理想国家能够完美适合所有人民与所有环境，只要回首历史，就能明白这个道理。他是这么说的：“不论在任何时代，何谓政府的最佳形式始终是受到讨论的问题，然而在讨论的当下，有一点往往没有被纳入考虑，那就是不论何种政府，在某些情况下可能为最佳，在某些情况下则可能为最糟。”

稻夫：真是个聪明的见解。大多数的思想家都是举出一个自己理想中的国家样貌，然后主张这样的理想能够行遍天下。

纯子：我倒是觉得民主主义国家永远都很理想。

老师：有趣的来啰。卢梭表示，民主政体仅适用于贫困的小国，而君主政体仅适用于富裕人民，贵族政体虽适用于富国，不过仅止于规模适中的国家。这就是所谓的“最佳组合”。

一郎：意思是，无论如何都有这三种。

老师：是的。我们先来谈谈各个体制的特征吧。根据卢梭的说法，民主政体并未区分立法权与执行权，人民形成党派后就会引发内部纷乱。这种体制过于极端，不适用于人类，所谓上帝的子民。相对而言，在君主政体中包括人民意志、支配者意志以及国家力量，所有一切皆根据相同的原动力，朝着相同目标迈进。但是，一旦前进的方向稍有错误，人民就会下场悲惨。而在贵族政体中，主权与政府相互区分，若统治着眼于多数人民的利益，则可称之为理想政体。

纯子：他的结论是，立法权和执行权相互区分的民主政体是理想政体啰？

老师：卢梭是说像那种真正的民主体制不但未曾出现过，今后或许也不可能出现。即便如此，我想，很明显地直接民主制是卢梭的理想体制。

名为利维坦的大海怪

纯子：同样是社会契约论，内容还真是各式各样。

一郎：难道还有其他社会契约论？

纯子：一郎，你不知道吗？像是霍布斯、洛克。对吧，老师？

老师：是的。那么，在此先来介绍一下其他的社会契约论，方便大家做比较吧。我想大家都非常清楚卢梭的立场了。首先以时间顺序来看，英国霍布斯的社会契约论排在最前头。他认为，为了避免所谓“所有人对所有人的战争”的自然状态，只有将主权让渡给国王。

这样的情况最终将演变成由国王统治，但这又和君权神授说不同，而是根据契约统治，所以人民也能够认同。他阐述社会契约论的著作《利维坦》(*Leviathan*，或译《巨灵论》)一书的封面，画着一个身形庞大的国王，国王身上所穿的衣服由无数人民的脸庞所构成。顺带一提，利维坦原为《圣经》中所出现的大海怪。

一郎：可是，如果国王真的像大海怪一样恣意妄为、不受控制的话，又该怎么办呢？

老师：权力既然已经让渡，就无计可施了。因此，洛克等人才会提出只是将权力暂时托管的概念，而且托管对象不只有国王一人，还有议会等。要是连议会都失控了，人民就有抵抗的权利，亦即抵抗权。这些都在他的《政府论》中有所着墨。

稻夫：只是托管的话，就能叫他们还回来了。

老师：正是如此。以卢梭的立场而言，我们是主权者，而支配者终究只是我们所雇佣的人。当他们失控时，我们当然能够终止他们的权力，方法就是刚刚所说的定期集会。此外，洛克主张间接民主制，而卢梭主张直接民主制。

纯子：洛克的社会契约论很像当今日本的制度。我个人觉得所谓的公意很不切实际，不过莫名地觉得很有吸引力就是了。

老师：就像卢梭所说的，小国就有可能实现吧。日本的地方自治，实际上也有纳入类似直接民主的制度，像罢免或公投之类的。而且就像我们刚刚说的，幸亏有了网络，即便是国家层级，确认公意后直接施行民主制度的可能性也越来越大了。

一郎：老师，《社会契约论》的最后一卷是在说什么呢？感觉还停留在第三卷……

老师：这个嘛，第四卷讨论的同样是国家体制，比较有趣的部分是“监察官”或是“公民宗教”的相关论述吧。所谓的监察官，任务在于维护公民习俗，同时让其不致腐化。“公民宗教”则是指以社会契约或上帝神圣性为教义的教诲，这部分仍以个人的心灵教育为目的。

一郎：卢梭这个人是不是很爱说教啊？

纯子：他的《爱弥儿》也很有名。

稻夫：我倒是读过一点儿。

哲学家的理想与现实

老师：那也是一本名著。毕竟可是曾经让那位对作息时间相当严格的康德读到入迷，就连每天的例行散步时间都给忘了。

一郎：《爱弥儿》是什么样的内容呢？

老师：大致上是纯粹的教育论吧。书中提到随着人类各个年龄阶段的发展，教育都有其应有的结构与功能，只是最后也论及政治思想。至于教育与《社会契约论》有什么联系，或许可以这么说，《爱弥儿》所主张的人类原本自然姿态，该如何在社会这样的框架中继续维持下去，这样的探讨大概就是所谓的《社会契约论》。话说回来，言行不一用在这里还真贴切呢。

纯子：为什么？

老师：卢梭后来也结了婚，膝下五个孩子全都送到了孤儿院。听起来虽然残忍，不过当时的贫困人家好像都会这么做。这样的人，却写出留名青史的教育书籍《爱弥儿》，想想还真是讽刺……

稻夫：说到哲学家，类似的人其实很多啊。

老师：被你说到痛处了。

稻夫：啊，老师当然是另当别论啰。

老师：没这回事，被你说中啦（笑）。

《社会契约论》名句

人生而自由，却无时不在枷锁之中。

我们将身体和所有力量都化为共同所有，从而成为难以从整体分割的一部分，一同领受（所有权力与自由）。

公意仅考虑共同利益。众意仅考虑个人利益，那只是个人意志（特殊意志）的总和罢了。

卢梭 其人其事

让–雅克·卢梭

Jean–Jacques Rousseau (1712~1778)

法国启蒙时代哲学家。一生苦于怀才不遇，年轻时便过着颠沛流离的生活。批判文明或社会不符合人性的那一面。此外，一般认为卢梭的社会契约论，主张根据公意的主权在民思想，对法国大革命产生了深远影响。他也是个音乐家。著作包括《社会契约论》《爱弥儿》《论人类不平等的起源和基础》等。

给对卢梭有兴趣的你——

推 荐 书 单

康德也爱不释手的卢梭教育论

卢梭的代表作之一

卢梭的自传体作品，以惊人的诚实、坦率的态度和深刻的内省著称

第5课

康德
《纯粹理性批判》

对本身判断感到迷惘时，该怎么办？

每天在固定时间散步的哲学家

老师：大家要有心理准备，今天的内容有点儿难噢。今天要讲的是康德的三大批判巨著之一《纯粹理性批判》。想在短时间内加以理解，几乎是不可能的。

一郎：把不可能变成可能，就是老师的魔法啦。

老师：一开始就给我这么大的压力。我会努力试试的。对了，大家知道康德这个人吗？康德是活跃于十八世纪的德国哲学家，甚至有人将他定位为德国观念论的近代哲学主流起点。除了三大批判著作——另外两本是《实践理性批判》和《判断力批判》——之外，康德也写了后来成为联合国模板的国际政治论著作《永久和平论》。

纯子：听说康德是个很严谨的人耶。

老师：他不仅在思想上很严谨，连个性也相当严谨。比如，连每天的散步都会在固定时间。

一郎：好像慢慢觉得不安了起来。我跟他实在是差太多了，得战战兢兢才行。

老师：放轻松，先来看看序文吧。这部分记载了康德撰写这本书的动机。根据这里的说明，似乎是想为读者勾勒出形而上学的示意图。

康德建构出“理解的使用说明书”！

稻夫：形而上学的示意图……像是哲学的逻辑说明书吗？

老师：就是这种感觉。再讲得简单易懂一点儿，就好比理解的说明书吧。根据人类理性可能产生什么样的理解，然后又能理解到什么程度。接下来的说明需要用到好几个名词，所以先从这里开始一一确认。

其实洛克已经指出这点，所以大家都知道我们的理解源自于经验吧。例如，我们将面包这种感觉印象当作某种信息，进而理解对象。此时，必定包含“是什么时候的面包呢？”的时间观念。这就是所谓的“经验性理解”。大家都懂吧?

一郎: 跟我们平常所说的理解一样。

老师: 不过,不仅止于洛克所说的源自于经验的理解。“所有变化必有其因”这样的命题,不一定是从经验归纳出的结果。这就叫作“纯粹理解”,也是这本书最大的重点。

纯子: 换句话说,经验或感觉以外的理解就是纯粹理解啰。

A priori?A posteriori?

老师: 是的。拉丁文中所谓的先验(或译为先天)理解就是“A priori”,而包括经验在内的后验(或译为后天)理解就是“A posteriori”。

稻夫: A pri……a po……都快咬到舌头了。

老师: 所谓的A priori是先验的意思,也就是先于经验。相对地,A posteriori就是奠基于经验。理解这类用语的意义也很有意思,大家就再忍耐一下吧。

稻夫: 原来是这样,谢谢老师的说明。

老师: 先验理解的判断分成“分析判断”和“综合判断”两种。综合判断,就是我们一般根据经验进行像是“苹果是红色的”之类的判断。在这种情况下,似乎能够立即认同。

一郎： 唔，大概是。

老师： 至于为什么能够认同呢？那是因为我们拥有苹果与红色相互联结的直观，而那种直观又和概念综合后形成判断。

一郎： 所以才称作综合判断。

老师： 是的。同样的情况中，述语部分还有其他各种可能性，像是“甜的”“大的”等等。相对而言，大家觉得“所有物体皆有其宽度”这句话怎么样呢？

纯子： 这就没办法立即认同了。

老师： 这是因为必须分析所谓物体的主语内容后，才能够理解。像这样分析主语后的先验判断，就叫作“分析判断”。

一郎： 插……插个话。刚刚说的是先验分析判断，那先验综合判断呢？

没有对象，就无法“思考”

老师： 那么，我们就针对先验综合判断，再详细说明一次吧。先验综合判断又有数学判断与自然科学判断之分。“两点之间直线最短”是数学判断，“物质质量不灭”则是自然科学判断。康德说，《纯粹理性批判》的主题——形而上学的命题，必须包含这样的先验综合判断。

稻夫：换句话说，先验综合判断就是“纯粹理论批判”啰？

老师：是的。所谓的“纯粹理性”事实上就是针对“如何让先验综合判断成为可能”的提问。而形而上学，就只是探讨能否回答上述问题的一门学问罢了。

一郎：真的好艰深。

老师：这虽然是个大前提，不过类似的说明仅止于此可能不太好懂。总之，我们就慢慢地来看整体概念吧。接下来，开始谈到“理解”。康德紧接着论及理解是以什么方式成立的。

纯子：听来很有趣呢。

老师：不过，毕竟是康德，所以可没那么简单噢。首先，他说一切思维皆由“直观”而生。所谓的直观，必须给予对象才会产生。换言之，如果没有对象就不会产生。对象只有通过触发意识，才能成为可能。

稻夫：这个我懂。什么都没有，就不可能去想什么了。

以粉笔思考“悟性”

老师：是啊。这种接收表象的能力为“感性”。对象就是通过这样的感性，传达给我们的。换言之，感性让我们产生直观，如此一来对象就能通过“悟性”的能力被加以思考，也就是思维。

一郎：悟性？

老师：根据感性所带给我们的内容，加以构成对象的能力。说穿了，也就是理解事物的能力。依照这样的悟性，才能产生关于对象的“概念”。例如，当我们一看到粉笔，悟性就会随之运作，构成如白色、结合粉状物的固体、写字工具等概念。

纯子：学校老师常常拿粉笔当作例子，很容易理解呢。

老师：以眼前所见的事物为例，说明起来比较方便。一郎，可以请你摸摸这只粉笔吗？有什么感觉？

一郎：它是硬的。这是理所当然的吧。

老师：我们受到对象触发时，那个对象对于我们的表象能力所造成的结果，就是“感觉”。你一摸粉笔，感觉是硬的吧。我们便是通过这种感觉，获得对象的直观。这被称作“经验直观”。大家知道它的对立面是什么吗？

纯子：按照一直以来的脉络，经验的对立面应该是先验什么的。

老师：真敏锐！经验直观的对立面正是先验直观。不过，这里的直观称作“纯粹直观”。事实上，纯粹直观是我们大家都很熟悉的概念。

一郎：话是这样说，又要开始讲很难的东西了吧？

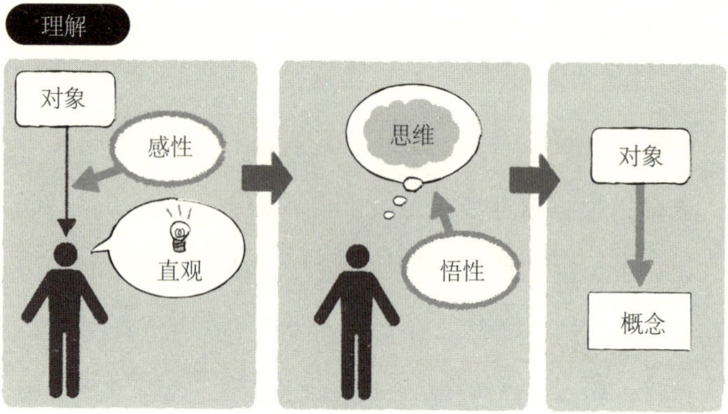

对象透过感性让我们产生直观，
并且透过悟性进行思维，产生概念

老师：是空间和时间。

一郎：啊，那我就懂了。

老师：那么，一郎，什么是空间呢？

一郎：被这么劈头一问就……

老师：我们在脑海中将对象视为存在于本身以外，例如粉笔。

纯子：出现了！

老师：意思是说，我们是在空间中去界定粉笔的形状、大小、与自己的距离等表象。这个时候，我们身处于空间之中。康德便是如此逐步分析上述事实。而空间并非从外在经验所获得的经验概念。事物为求存在，就必须奠基于空间表象。空间是先验的，换言之是从先验直观所引导出的纯粹直观。

稻夫：等……等等，这里可不可以稍微先解释一下呢？

老师：啊，真抱歉。意思是，空间是先于所有现实或经验知觉，真的就是以先验的纯粹直观形式，进入意识。简单来说，一切现象必存在于空间之中。所以，空间就像是我们理解事物的准则。同样的道理，也适用于时间。

一郎：原来如此，时间也是同样的准则啰。

老师：什么是时间呢？先来看看康德的说明吧。他说，空间并非从外在经验获得的经验概念，而是存在于一切直观根源的必然现象。换言之，时间是一切现象的先验形式条件。

一郎：真的是准则呢。

老师：是啊。追根究底，时间和空间奠基于两种不同的认知。现象则根据这种所谓的"时间"与"空间"两种形式，被加以说明。而且这和经验没有关系，并非主观，而是客观。所以，我们有可能与和自己拥有不同经验的他人，拥有相同的理解。

稻夫：也就是说，他人和自己的准则是一样的。

试着思考理解的步骤

纯子：理解某种事物的机制，好像逐渐明朗了呢。

老师：我想康德想说的就是这个。我们在理解"什么"

时，都是将外在现象加以表象化；当下所理解的东西，并非实际存在我们的脑袋里，只是浮现在我们的意识之中。而借由察觉外在对象而理解，就是感觉。

稻夫：那是基于经验的东西吧。

老师：是的。根据经验直观的东西，便是后验理解。在此，会形成进行理解的主观本身，和存在于世上的客观对象这样的关系图。

一郎：我们应该是在有所知觉后，才会去思考那是什么。这部分也是理解吗？

老师：理解有两种来源。一是获得表象的能力，发挥印象留存的作用。二是根据这些表象理解对象的能力，经由悟性产生概念。

纯子：所以，顺序是在第一个阶段先给予对象，第二个阶段就是思考那些表象啰。

老师：没错。根据这样的顺序，直观与概念便成为我们理解的要素。而且这样的理解被区分成不包含感觉的纯粹理解，或是经验理解。直观或概念包含感觉时，便称之为“经验性的”；反之，则为纯粹理解。

稻夫：您所说的“不包含感觉的纯粹理解”是什么情况呢？

老师：例如，当我们说“两条直线无法形成空间”时，就不包含感觉。这种情况只有包含形式。换句话说，是仅以形式加诸直观的事物。

用于判断事物的类型表

一郎：还真像康德的风格耶。这部分是康德的精髓所在吧。

老师：可以这么说。思维直观的能力就是悟性，我们凭借感性和悟性思维对象。这就是我们理解的机制。根据康德的说法，这属于一般逻辑学的范畴，而他只试图探究先验原理。他的学说也因此被称为纯粹理性逻辑学，仅探究逻辑形式的学问。

纯子：这个逻辑学跟那个很麻烦的哲学名词“范畴”（Category）有关系吗？

老师：是的。康德在分析先验的概念后，将其汇整成不同范畴，也就是分类表。他从基本的纯粹概念说明与分析开始，然后做成判断表。

稻夫：他举出什么样的例子呢？

老师：好比“所有物体皆可分割”的相关判断。这里的“可分割”的概念，也能套用于其他很多概念吧。如此一来，包含这个概念的表象，就能整合于更高阶的层级。理解的可能类型，像这样被整合成为更高一层的理解公式后，即可逐步构思出“判断逻辑表”以及“范畴表”。

一郎：像是用来判断事物的类型表之类的东西吗？

老师：就是那样。判断能力＝悟性能力。他说，只要能够揭示判断的一致功能，就能毫无遗漏地发掘悟性能力。

所有的A是……

稻夫：不好意思，可以请老师再举个例子吗？

老师：好的。让我们来看看部分的判断逻辑表吧。整体而言，可区分成“分量”“性质”“关系”和“样态”四种，其中又各自可区分成三种。换言之，共有“四乘三”十二种。例如，在分量方面，分成全称判断、特称判断和单称判断，它们分别是“所有的A皆为B”“部分的A为B”“此A为B”。又或者在性质方面，分成肯定判断、否定判断和无限判断，它们分别是“A为B”“A非B”以及“A是非B”。而关系和样态也都各有三种类型。

一郎：哦，是这样的呀。

老师：康德以对应上述判断逻辑表的形式，同时揭示范畴表。该表同样区分成“分量”“性质”“关系”和“样态”四种，并且各自区分成三种。所以也是“四乘三”十二种。分量方面，

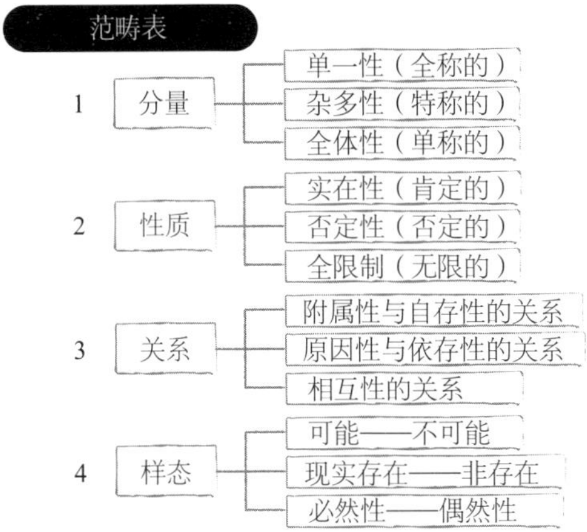

对照范畴表，逐步判断事物

为单一性、杂多性和全体性三种。性质，为实在性、否定性和限制性三种。关系，为附属性与自存性的关系、原因性与相关性的关系，以及相互性的关系三种。样态，则有可能—不可能、现实存在—非存在，以及必然性—偶然性三种。

纯子：这个表已经完全网罗我们悟性的全部了吧。还真是思考的类型表呢！

老师：顺带一提，康德将分量与性质视为直观的对象，关系和样态视则为对象的相互关系。

一郎：老师，我们看不见的又该怎么样去理解呢？像爱或上帝之类的。

老师：像爱或上帝这些形而上的事物，每个人的印象的确不尽相同。康德也针对这类事物表示，凭借悟性是无法加以处理的。所谓的感性与悟性，仅能处理现象而已。更高层次的现象原理，康德称之为“物自体”，就必须凭借理性处理。

稻夫：他所说的感性，是根据空间或时间的形式，直观事物的能力吧。然后，悟性是奠基于前述范畴表，思考事物加以理解的能力。那么，理性呢？

老师：或许也可说是追求原理的能力吧。能够思考像是“所谓的爱是什么”“所谓的上帝是什么”等问题的能力。

纯子：可是这类问题，每个人的答案都不尽相同。有所谓的正确答案吗？

理性有其极限？

老师：这真的就是问题所在了。要是企图去思考超越人类所知极限的部分，就必定会陷入“二律背反”（或译为“二律背驰”）的状态。康德称之为“antinomy”，亦即相互矛盾却又无法相互驳斥的内容。例如，他曾提出时间或空间这样的准则，若是将空间与时间视为“无始无终”，这些概念对于我们来说就成了难以理解的内容。相反地，若将其视为“有始有终”，我们仍然难以理解那所谓的“始与终”之外的部分。

一郎：为什么会变成这样呢？

老师：这很简单，答案只有一个。也就是说，人类对此的理性有其极限。

纯子：啊！真是晴天霹雳。竟然在这种地方设下极限。我可是会持续思考爱或上帝的噢。

老师：那是非常重要的。而且，毕竟我们是人。人就是因为难以解答，才会持续追求解答。

《纯粹理性批判》名句

人类的理性无法被摒除，也因此必须承担因无解问题所苦恼的命运。

我们的理解并非遵循对象，甚至该说是对象必须遵循我们的理解。

所谓的时间与空间，对于人类而言是理解的来源，我们将其作为准则，构筑我们的理解。

康德
其人其事

康德

Immanuel Kant（1724~1804）

德国近代哲学家。他在名为哥尼斯堡（Königsberg）的小镇度过一生。偏好美食，兴趣是散步。据说在接触休谟（David Hume）的哲学后，才得以从“独断的迷梦中觉醒”。他汇整在此之前的哲学，完成批判哲学，为“德国观念论”奠定基础。著作包括《纯粹理性批判》《实践理性批判》《判断力批判》《永久和平论》等。

给对康德有兴趣的你——

推荐书单

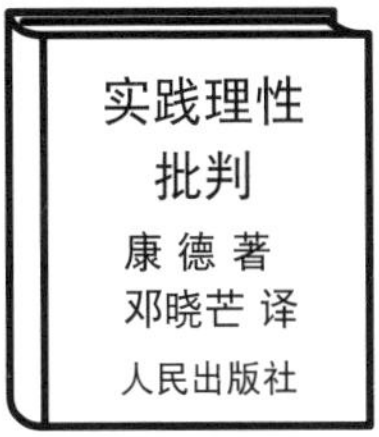

如果想再挑战一
本康德哲学书，
就是这本了！

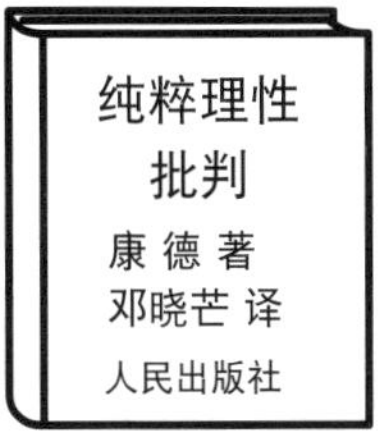

康德
批判哲学之一

迄今最全面可靠、
轻松易读的康德传记

第 6 课

克尔凯郭尔《致死的疾病》

我们能够克服绝望吗？

绝望有三种?

老师：今天我想来谈谈索伦·克尔凯郭尔的《致死的疾病》。克尔凯郭尔是生于一八一三年的丹麦哲学家。

一郎：致死的疾病……感觉上好像是个很黑暗的人耶。

老师：他的确是个很黑暗的人。这主要跟他的成长背景有关。据说，他的父亲曾于年轻穷困潦倒时咒骂上帝，最后由于深信自己不虔敬的行为会招来神的惩罚，晚年终日郁郁寡欢。这也对克尔凯郭尔产生了很大影响。他虽然自小接受精英教育，成长过程却不顺利，在时常感到绝望的同时，也持续对于本身存在的问题感到苦恼。

绝望的种类

① 感到绝望，而未意识到拥有自我的情况

② 感到绝望，而不愿成为自我的情况

③ 感到绝望，而意欲成为自我的情况

绝望有三种

纯子：那就是他所说的“致死的疾病”吧。

老师：是的。绝望才是致死的疾病。只是，那个绝望的意义并不单纯。我今天想要以相关问题为核心，和大家一起慢慢看下去。这本书由两篇所构成，第一篇是“致死的疾病是绝望”，第二篇是“绝望是罪”。第一篇详细探讨了绝望，当中提出了三种绝望。

稻夫：哦，有三种啊？

老师：是的。第一是感到绝望，而未意识到拥有自我的情况；第二是感到绝望，而不愿成为自我的情况；第三是感到绝望，而意欲成为自我的情况。

一郎：原来如此。

老师：我们就依序看下去吧。首先是感到绝望，而未意识到拥有自我的情况。我们一般在心中都拥有所谓的自我意识。但是在绝望的时候，有时可能不会察觉自己正感到绝望。

纯子：那还真是幸福呀。

老师：确实如此。毕竟没察觉自己正感到绝望嘛。克尔凯郭尔以充满讽刺的语气称之为天真之人，并且是“最低度绝望的人”。

一郎：那最高度的人呢？

老师：他将最高度绝望称作“恶魔的绝望”。所谓的“恶魔”，指的是精神层面。这种类型的人只是一股脑儿感到绝望而已。他说这样的人最接近犯罪者，恶魔的绝望走到尽头就是犯罪，这种情况很常见吧。言归正传，他形容那些未察觉到自己正感到绝望的天真之人，就像是明明有座名为自我的豪宅，却要窝在狗屋或仓库里一样。

稻夫：那还真是浪费耶。

老师：克尔凯郭尔将此形容为“仅距‘否定’一步之遥”。也可以说，这种情况的绝望类似于疾病，因为病人在最危险的时候反而觉得心情最好，似乎很健康，也觉得周遭的人看起来神采奕奕。

纯子：就是没察觉到自己生病的人吧。

老师：是的。他还说，无法将自我视为一种精神性存在之人，即为浑浑噩噩过生活的凡夫俗子。好比那些稳住于久居之国或常识中，只为顺应前者发挥本身才能的人。那种情况最终也称为绝望。

稻夫：尽管如此，真有可能完全没发现自己正感到绝望吗？

老师：不，事实上在此类型中，也有人知道自己正处于绝望状态。只是，那些人并不了解绝望的真正意义。克尔凯郭尔针对这样的人，是这么说的：“你如今真正的绝望，远胜你自以为的绝望。你的绝望正持续陷入更深处的黑暗。”

纯子：感觉上，这种就是“有点儿绝望”吧。

老师：克尔凯郭尔没这么说，不过挺类似的。他表示，这是“懦弱的绝望”。这种情况下的绝望，属于一种被动性烦恼。也就是说，那些人被快乐、不快乐、幸运、不幸和命运所左右。

一郎：被耍得团团转的那种吧。跟我还真像。

老师：是的，这种人的不幸通常来自于外在。所以，总是被外在绝望耍得团团转。这样的生活方式，永远不可能活出自我。

稻夫：不过，这种人很多耶。

老师：的确如此。他们的共同点是，不主张自我，永远都只是被动性的。他所说的，便是这层意义上的懦弱造成绝望。他们所追求的，仅止于存乎世上的事物。克尔凯郭尔称之为

“俗世事物”。所以，如果有东西能够让自己更快乐，就会像换衣服般轻易地去交换。

纯子：那就是“懦弱的绝望”啊……

男女有别的……

老师：那么接下来，让我们来看看第二种“感到绝望，而不愿成为自我的情况”吧。这种类型的人对于“永恒性事物”感到绝望。像这样的人，将“俗世事物”中某些特定事物视为非常有价值的。所以丧失那些事物时，就会感到绝望。

一郎：感觉还蛮能了解的耶。我就很重视金钱方面的东西，要是失去那些东西，可是会感到绝望的。

老师：那种情况下的绝望，是对失去金钱事物所萌生的绝望，对于难以获得补偿的永恒性事物，或是本身能力感到绝望。

稻夫：也就是讨厌起无能为力的自己啰？

老师：是啊。这是和本身软弱有关的绝望。所谓的自我应该与永恒的概念相互联结。但是，如今却对自我永恒性感到绝望。

一郎：因为察觉到自己是个那么执着于金钱事物的软弱之人了嘛。

老师：嗯。不过，我们至少可以说，这一类型比起第一种“感到绝望，而未意识到拥有自我的情况”，对于绝望的意识又更高了。

一郎：是吗？听起来好像还有得救耶。

老师：毕竟，这里所说的绝望，至少还拥有对于永恒性事物或丧失自我的自觉。这种绝望因此出现救赎的曙光。

稻夫：此话怎讲？

老师：例如，人在被好友出卖时会憎恨那个人。但憎恨反而会让自己受到对方的束缚，绝望之人到头来对于自己也会出现和上述情况相同的关系。这样的绝望是相当深沉的。

纯子：好像又变得好自我压抑噢。

老师：应该说，逐渐变得“封闭”吧。那样的人也不会对任何人坦承内心感觉，并且学会压抑绝望。

一郎：哇，真孤独啊！

老师：是的，非常孤独。用克尔凯郭尔的话来说，孤独会逐渐学会“倔强”，那样的倔强持续下去，便演变成自杀。在那种情况下，其实只要和某个信赖的对象谈谈，就能暂时打消自杀的念头……无论如何，这都是不愿成为那个原有自我的怯懦绝望。克尔凯郭尔也将它称作“女性的绝望”。

纯子：这样好像有点儿失礼耶。不过，既然有“女性的绝望”，也会有“男性的绝望”啰？

老师：那是第三种“感到绝望，而意欲成为自我的情况”。如果想成为自我，就必须拥有无限的自我意识。这并非像上帝一样看待自己，而是自己看待自我本身的那种感觉。

稻夫：所以，有“去看”和“被看”的两个自己啰。

老师：让克尔凯郭尔来说的话，这和“没有领土的国王”是一样的。意思是，不受统治，也没有统治范围。

一郎：就某个层面而言，还真是滑稽、可悲的状态。

老师：的确如此。独自企图展现所谓“自我”的国王权力时，人“只会持续构筑空中楼阁，持续凭空挥剑罢了”。然而，当人自以为那样的空中楼阁已然完成的瞬间，一切又会随之崩毁。

难以逃脱的“肉体荆棘”

纯子：这和刚刚说的“对于永恒性事物的绝望”很像耶。

老师：正是如此。在此状况下，意欲成为自我的结果，就会变成对于永恒的绝望。因此，原本希望从永恒性获得慰藉，反而会转变成企求凭借世俗事物获得高度评价。

稻夫：感觉好像有什么是永远都摆脱不了的。

老师：克尔凯郭尔以“肉体的荆棘”这句著名的话来形容。

一郎：啊，这个我听过！虽然不懂意思，不过的确是克尔凯郭尔的名言。

老师：那种意象就是似乎无法抽离，且伴随痛楚的劣等感。由于是荆棘，所以会深深刺进我们的肉体，难以独力挣脱。虽然可恨，却必须一生与之共处。

纯子：到死为止吗？

老师：是的，到死为止。

一郎：没有人可以帮我们拔除吗？

老师：那是我们自己拒绝的。这里就和之前所说的“倔强”开始有所关联。要请别人帮忙拔除，还不如像这样痛苦地活着。也就是说，那样活着还比较活得像自己。

稻夫：连上帝帮忙也一样吗？

老师：不行，那可是种屈辱呢。一切都已经太迟了。

纯子：真是个无理取闹的孩子。

老师：确实是无理取闹的孩子。“这是什么恶魔的妄想！”“凶暴！”，克尔凯郭尔对此是这么叫嚷的。我们从中可以看到，有些人在厌恶自我存在的同时，仍希望成为自我。以上就是三种绝望。

一郎：这样听着听着，好像离死亡越来越近。那种绝望也感染到我啦！

老师：我必须先澄清一个误解。事实上，克尔凯郭尔想说的是，并非绝望就会致死。

一郎：咦？我本来还很笃定地以为绝望就是“致死的疾病”呢。

老师：他想说的，甚至是“绝望的苦恼连死都不可得”。即便饱尝死亡般的痛苦，却绝对死不了。

稻夫：还真是人间炼狱呀！

老师：人在认为死是最大的危险时，就会想要活下去。然而，当人认知到更可怕的危险时，就会想要求死。只是即便是在这样的时间点，都还没有到达极致的绝望。

纯子：这是因为还存在着“可以死”的希望吗？

老师：是的。绝望有其矛盾之处。死是自己内在的疾病永远的课题。但是，应该死却又无法如愿，就必须摒弃死亡。

一郎：摒弃死亡？

老师：换言之，绝望的死亡会将自己置换于“生”的状态中，绝望者是无法死亡的。克尔凯郭尔说，就像剑杀不了思想，绝望同样无法吞噬本源的永恒性——自我。

稻夫：结果，问题还是在于自己啰。

老师：是的。因为人并不是对什么感到绝望，而是对自身感到绝望。所以，痛苦挣扎想要从那样的自我中挣脱。他将自我形容成“非王即无”。也就是说，自己并非对于当不上帝王这件事感到绝望，而是对于当不上帝王的自我本身感到绝望。

纯子：这样啊。所以是对于并非绝对性的自我感到绝望啰。

老师：克尔凯郭尔是这么说的："若人存在永恒性，人类就不可能感到绝望了吧。""绝望的公式"从而诞生。

存在主义的起点

一郎：绝望的公式？

老师：首先是对自己感到绝望，接着是试图挣脱感到绝望的自我本身。但是，人不可能吞噬自我。上述证明了人存在的永恒性。如果人不存在永恒性，或许就无法感到绝望，而且若绝望能够吞噬人类自我，人就没有必要绝望。存乎自我的绝望即为"致死的疾病"。

纯子：不过，那必须就"没办法死"的这层意义来说吧。

老师：你说的没错。克尔凯郭尔认为对于人类而言，拥有自我是最重大的事情，这也是永恒对人类所要求最为重大的事情。

稻夫：克尔凯郭尔好像绝对不会走回头路耶。我开始慢慢觉得，绝望也是可以克服的。

老师：是的。毕竟，克尔凯郭尔的哲学被视为存在主义的先锋。

一郎：存在主义？

老师：提倡存在主义的人可说是形形色色，在后续课程中将会出现的萨特的存在主义也很有名。在此，暂且先将其定义成对于自己的生活方式拥有自觉的态度吧。就克尔凯郭尔的立场而言，存在的意义可说是在“成为原本应该成为的自己”的自我形塑的无限努力中，持续存在。

纯子：对于那个原本的自我感到迷失的状态，就是绝望吧。

老师：没错，就是这样。在此顺便介绍一下克尔凯郭尔所提出的三个存在层次吧。这部分稍微偏离了致死的疾病的相关讨论，不过我想应该有助于了解他所谓的“原本的自我样貌”。

稻夫：好比成为原本自我的步骤吗？

老师：与之类似。首先是美的存在层次。在此层次中，行动或选择的理由是美或快乐，就只是纯粹过着感官生活。然而，纵使得到梦寐以求的事物，等在前方的也只是深沉的倦怠感。无法获得梦寐以求的事物，便会陷入自我厌恶，饱尝名为挫折的绝望。之后，终于得以迈进下一个层次。

一郎：绝望果然是种契机呢。

老师：嗯。下个层次是伦理的存在层次。这个层次是在对于人性精神觉醒后，希望根据伦理生活。意指行动的目的，在于追求拥有高尚人格，努力驱策自己贴近一般认为应当如此、具备伦理道德的人类样态。这样的路走到最后，就会一头撞上

绝望的公式

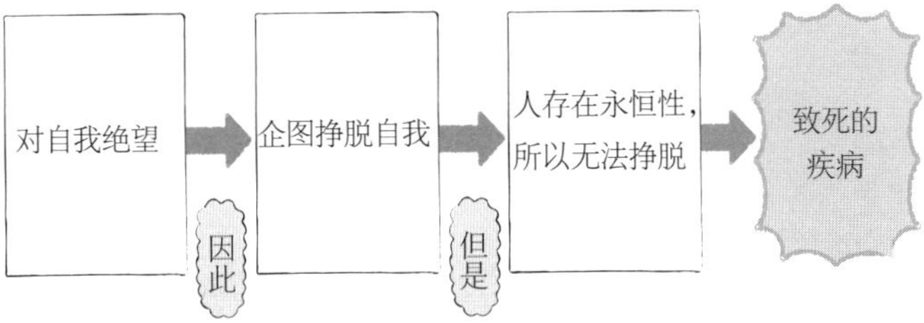

正因为人存在永恒性，人类才可能感到绝望

自己的无能为力。不然，也会陷入自以为接近完美伦理道德阶段的傲慢罪恶之中。无论如何，这样的状态就本身具有极限而言，都可称之为“绝望的深渊”。接下来，便迈入下一个层次。

纯子：不知道为什么，我蛮期待最后一个层次的耶。

老师：最后一个层次是宗教性的存在层次。这个层次是在历经绝望后，将自己完全交给上帝。在一般情况下，人会经由自我否定、忏悔自己的罪，然后接受上帝存在于自己的内在之中。不过，由于两者的存在有着差距，自我会因此再度承受强烈罪恶感。所以，人类就这样，逐渐接受与自己拥有极大差异性的上帝的存在。那会让有罪的自己以“个体”的身份，站立在清澈无垢的上帝之前。而支撑人类的力量，就只有超越理性、毫无道理可言的“信仰”。

纯子：那么，最后的层次是信仰啰？

老师：的确有人批判说，讲来讲去最后还不是走到了宗教。但仔细想想，毕竟西方社会始终脱离不了宗教，尤其是基督教这样的背景，我们也不能将宗教信仰立刻就和哲学挫败相互联系起来。如果没有这样的观念，克尔凯郭尔的思想价值也会随之遭受压缩。

一郎：如果是根据西方社会这样的社会脉络来看，好像就能理解咧。只是不能说是完美就是了。

老师：我想这样就很足够了。一郎，你也好好去烦恼一下吧（笑）。

《致死的疾病》名句

绝望是种存乎精神，也就是存乎自我的疾病。

恐怕没有任何人是所谓完全健康的人。同理，也没有任何人是所谓完全不感到绝望的人。

人类心中若无永恒性的存在，人类或许就不会感到绝望了吧。

克尔凯郭尔其人其事

索伦·克尔凯郭尔

Søren Aabye Kierkegaard（1813~1855）

丹麦哲学家，根据宗教体验不断进行思索。由于不幸的生平与自行解除婚约的经验等，使其毕生都在追求自我主体性的应有样态。批判以黑格尔（Georg Wilhelm Friedrich Hegel）为代表人物的理性主义，被视为存在主义的先驱。著作包括《致死的疾病》《非此即彼》《忧惧之概念》等。

给对索伦·克尔凯郭尔有兴趣的你——

推 荐 书 单

致死的疾病
克尔凯郭尔 著
张祥龙 译
商务印书馆

克尔凯郭尔的代表作之一

诱惑者日记
克尔凯郭尔 著
京不特 译
译林出版社

克尔凯郭尔的青春文学

克尔凯郭尔
帕特里克·加迪纳 著
刘玉红 译
译林出版社

一本全面了解克尔凯郭尔的小书

第 7 课

马克思
《1844 年经济学哲学手稿》

对竞争社会感到疲惫时，该怎么办？

科学社会主义者

老师：今天要谈的是卡尔 · 马克思。他大概是我们课程里所提到的哲学家中，最广为人知的一位。就连一郎也知道吧？

一郎：那个“就连”根本是多余的吧。我知道一些。他是提倡社会主义的人……

纯子：咦，一郎，就这样？

一郎：嗯。

老师：别那么说，已经很不错了。正确来说，应该是科学社会主义学说的创立者。这是因为在他之前，已经有欧文（Robert Owen）、傅立叶（Charles Fourier）等人提倡社会主义了。只不过，他们所提倡的社会主义是以打造平等社会的理想为前提，对马克思而言，欠缺了科学理论。所以，马克思和恩格斯才会揶揄那些人的主张只是空想社会主义。

稻夫：一直以来，我对恩格斯的兴趣始终大过马克思。因为我实在很难想象有人会成为思想家的唯一经济援助者。

老师：其实恩格斯并不仅仅是单纯的援助者，应该是共同研究者吧。对他来说，支持马克思也算是实现自己的理想。

稻夫：原来如此。

了解马克思就从这本书开始

老师：一般提及马克思，大概会以《资本论》作为主要代表作。不过，这里要介绍的是《1844年经济学哲学手稿》，简称《巴黎手稿》。

一郎：为什么不谈《资本论》呢？

老师：理由有两个。消极的理由是，《资本论》的内容过于庞大。光是日文译本的文库本就分成九卷[①]。而本课程所介绍的，都是希望大家务必亲自挑战的书籍，所以尽可能挑选容易

① 《资本论》中译本分三卷，合计230万字。——编者注

阅读的著作。基于这一点，我选了《巴黎手稿》，日文文库本只有一本而已。

稻夫：可是篇幅短，不代表内容简单吧。

老师：说得没错。不过，这本书的内容倒是不难。我之所以这么说，是因为《巴黎手稿》是年轻时的马克思刚开始研究经济学的著作，也可说是马克思经济学与马克思主义的原点。

纯子：尽管如此，从目录来看，他的写作构成还真奇怪耶。什么第一手稿、第二手稿……

老师：其实这本书是由其他人将马克思所撰写的数篇手稿编辑汇整而成。

纯子：咦！是这样的吗？我以前都不知道。

老师：那么，我们就从这本书的构成开始吧。《巴黎手稿》由四篇手稿构成，第一手稿几乎都是摘自亚当·斯密等经济学者的著作，大概占了八成。第二手稿讨论的是私有财产的关系，由于手稿逸失，剩下的篇幅相当有限。第三手稿是他一直以来的手稿补充，或类似笔记形式的内容。第四手稿则是关于黑格尔《精神现象学》最后一章的笔记。这部分的篇幅同样很小，内容也是自成一格。

稻夫：哇！他也研究过亚当·斯密。那个“上帝的看不见的手”（invisible hand of God）吧？

老师：是的。只要放任不管，上帝的看不见的手就会发挥

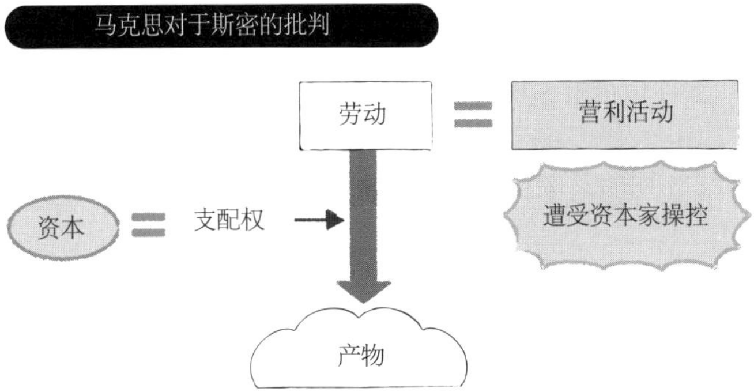

斯密等人仅将劳动视为单纯的营利活动，
所以往往使劳工蒙受损失

作用，让市场达成平衡。这是当时的主流，而斯密亦是国民经济学的代表人物。马克思先从批判那样的斯密开始。第一手稿始于斯密著名的《国富论》中的一段话："工资由资本家与劳工之间的敌对斗争所决定。"接着，他提出"(在那样的斗争中)资本家胜利的必然性(何在)"的问题。

一郎：不就是雇主与雇工立场的不同吗？

老师：马克思的回答是："比起劳工在没有资本家的情况下得以生活的时间，资本家在没有劳工的情况下得以生活的时间较长。资本家之间的团结已成了一种具有效果的习惯，劳工的团结则遭到禁止。"

一郎：嗯，我想讲的就是这个。

老师：这一点为工资带来了致命的影响。我们先来确认斯密的想法。他说，所谓的“工资”是设定出“符合动物性生存”，亦即维持劳动期间生活的最低界线。

纯子：为什么呢？

老师：因为斯密想法中的“劳动”就是这样的宿命。劳工生活的特定需求，原本就受到富者以及资本家随心所欲的操控。而且在高度分工后，对劳工而言，转向其他部门工作会变得极度困难，以至于首先蒙受损失的一定是劳工。

纯子：所以说，马克思是在批判斯密将劳动视为单纯的营利活动啰？

老师：没错。广泛而言，斯密等人的分析仅止于“私人所有”的框架之中。我们就在这样的认知基础上，转向“资本”的相关讨论吧。这里也是从引用斯密的观点切入。他指出，“资本”拥有对于劳动产品的支配权和购买权。“资本为蓄积后的劳动”。而在土地所有权方面，他也深入追踪地主逐渐囊括社会所有利益的情况。好比地主支付雇农工资越少，就越能从雇农身上征收到更高的租金。

稻夫：那也是斯密的学说吗？

老师：是的。马克思根据这些内容表示，佃农阶级因此被迫沦为无产阶级，在大多数土地的所有权者被消灭后，必然逐渐走上革命一途。

纯子：这样听下来，马克思似乎很强烈地去冲击一些本质性的东西耶。

老师：不过，让马克思来说的话，以斯密为首的这些国民经济学者，并未从抽象性、概念性的角度去掌握私有财产的形式。他批评这些人缺乏私有财产的本质到底会产生何种逻辑性的确切论证。

什么是“异化”？

一郎：这是对人类样态的观点不同吧？

老师：哦，还真是敏锐耶！

一郎：不要这么惊讶嘛。我都好好跟上课程了。

老师：不好意思。是的。他说遭受“异化”（Alienation，也译为疏离）的人类形态受到忽视。

纯子：“异化”这两个字果然在这个时候出现了。

一郎：话说回来，“异化”是什么意思啊？

纯子：意思是遭到疏远。

老师：是的。马克思表示，举凡工资、资本、地租等“掠夺”原因的本质性关联，即为一切“异化”与货币制度的本质性关联。换言之，劳工在从事生产时，即成为与该产物对立的异化存在，马克思称之为“劳动的对象化”，他分析那样的事实

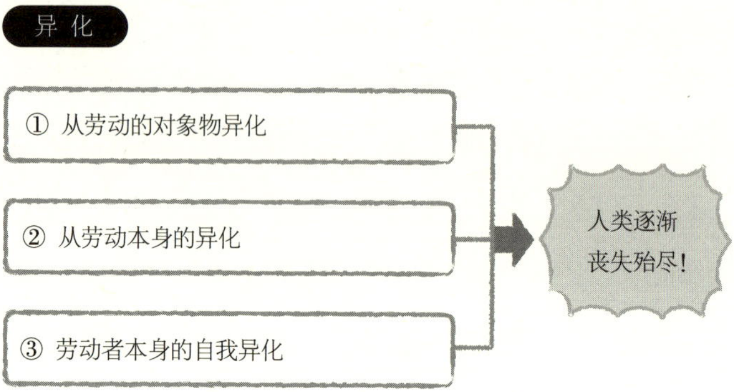

三种异化夺走人类本质

正是引发国民经济学者所说的各种问题。

稻夫：越来越有马克思的味道了。

老师：才正要开始呢。他说，劳工一旦劳动，就会被逼到在现实生活中难以生存的境地，直至饿死为止。劳工就连劳动所必需的东西也会被夺走，越生产就越难获得其生产之物。

一郎：劳工的境况还真艰难啊……

老师：那种艰难还会延续下去。劳工会像这样，慢慢陷入被称作商品的产物所支配的情况之中。这就是“从商品外化”，成为遭到异化的人。

纯子：劳工为了求生存就要劳动。由于必须劳动，所以必须完全隶属于劳工的对象物——商品。是这样吗？

老师：没错。从劳动的对象物异化这一点继续衍生下去，马克思提到劳动本身的异化。“劳动对于劳动者而言为外在性的”，意指劳动不属于劳动者的本质。这是第二个异化。

一郎：不好意思，戳破纯子的美梦，不过劳动就是这么一回事啊。反正就是消耗身心力量，只能感受到痛苦的时间嘛。

纯子：那不就和强制劳动没什么两样？

一郎：被你一语道破了呢。

老师：所以，劳动时，感觉像是在自己之外一样。如此一来，的确不能说这是自发性劳动，而是被迫的强制劳动。这就是“劳动的异化”。在此，先来说明一下第三种异化吧。那是劳动者附属于他人且无法拥有自己本身，亦即马克思所说的“劳动者自我的丧失”。也可说是劳动者本身的自我异化。

稻夫：到那种地步的话，人性好像会慢慢丧失殆尽了耶。

老师：是的。马克思也说这三种异化会让人们只能过着像动物般的生活。不论进食或生产，都被视为动物性机能。吃饭可不像今时今日是种文化，生产也跟所谓的“家庭幸福”有一大段距离……

一郎：所谓的人到底是什么呢？

老师：根据马克思的形容，“人是类存在”。“类存在”原为黑格尔所使用的词汇，意指人身为“类”所拥有的独特本性，表现出超越理性、意志或爱等，仅限于个人的人类性格。人能够体认本身原有的力量，并非本身所独有，而是属于社会的一部分，将这份力量组织成为社会用途时，就会成为政治力量。这样的体认，也和“人发挥其力时，就能得到解放”的认知有所关联。

一郎：简单来说，人就是一种社会性的存在啰？

老师：正是如此。马克思是这么说的：“我以人的身份活动，所以我是社会性的”。“因此，即便我自身产出些什么，那也是为社会所产出；而且我是在意识到个人为社会性存在的情况下，进行产出。”

纯子：这个道理好像在各方面都是共同的耶。

老师：对啊。我们成为像是植物、动物、岩石、空气或光线等自然现象的对象，也是某种精神性的生活手段。换言之，我们觉得那些东西很美、有用，所以加工后将其作为食材、燃料、衣物或住所的一部分。这也是灵活运用“类存在”的概念。

一郎：原来如此。那就是人的本质。

老师：嗯。相对而言，“遭到异化”即为人将自己异化自然，异化自我本身所特有的活动，并且异化类存在。也就是说，再也无法以人们共同的类存在，好比觉得好美或认为某人真好等诸如此类的生活方式生存下去。他说，在异化中，仅能彰显出单纯为了生存的生活以及生活手段而已。

稻夫：在那种情况下，人的活动到底是属于谁呢？如果是自绝于类存在的生活模式，总不会是属于上帝吧？

老师：属于劳动产物的归属人，也就是产物的所有者。

纯子：咦，您是说资本家吗？

老师：会变成那样没错。“遭到异化的劳动”逐渐产生于与劳动的主人之间的关系中。所谓的“私有财产”，就像这样是遭到异化后的劳动产物，也成为一种必然的结果。

劳动的价值如何决定？

稻夫：所以说，私有财产就是自遭到异化的人们所产生的啰？

老师：是的，从“人不被当作人看待的劳动”所产生的就是私有财产。

一郎：呼……劳工到底算什么东西啊？

老师：劳工是什么呢？让我们来听听马克思的说法吧。劳工的价值随着需求与供给的关系上升或下降。他还说，劳工的现存或生命也和其他商品一样，被视为某种商品的供给，以及物品层次的理解。

一郎：果然是“商品”呢。

老师：而且劳工生产资本，资本生产劳工。资本凭借劳工形成，反之因为有资本，劳工才得以形成。两者处于互补关系。

人在此时，已经变成除了劳工，其他什么都不是的阶级的人。

纯子：感觉有点儿吓人耶。个性什么的都无所谓吗？

老师：个性完全不会受到关注。因为劳工只是个异化自我本身的存在，只为资本而存在。他们所能做的，就只有埋葬自我和饿死而已。

稻夫：马克思是这么说的吗？

老师：是的。而生产是把人当作某种商品——人类商品——进行生产，劳工不论是在精神还是肉体层面都已被视为非人存在，并在此情况下持续生产。

纯子：那个“遭到异化的劳动”还真恐怖啊。竟然把人当作非人的存在。

老师：“劳工越是流血流汗地努力工作，他自己所创造出的异化的对象的世界就会越强大；他自己本身的内在世界随之更加贫乏，属于他的东西也会因此更加匮乏。”当年纳粹曾对关在奥斯威辛（Auschwitz）集中营的犹太人撒谎说：“你们越工作就会越自由”。事实上，他们只是一步步走向死亡罢了。讽刺的是，那和马克思口中现实中的资本主义社会毫无二致。而我们现在正生活在那样的社会之中。

纯子：越工作就越接近死亡……吗？

老师：我们必须小心别变成那样。让我们察觉到这一点，也是马克思学说对于当今的意义。

什么是马克思主义?

稻夫：问题就在于要怎么样才不至于沦落到那种下场吧。

老师：这也是第三手稿所讨论的核心。从异化解放。人从异化状态中被解放出来，终于成为共同存在。

纯子：共产主义思想要出现了吗?

老师：是的，就是共产主义运动。马克思针对共产主义表示，“积极扬弃人的自我异化——私有财产，”并且“萌生身为社会性人类的人类意识的完全自我回归”。

一郎：扬弃是指?

老师：原本是从黑格尔所提出的“扬弃”(德语Aufheben，或音译为“奥伏赫变”)概念翻译过来的。意指克服矛盾，更上一层楼。所以这个共产主义所带来的“社会”，才是解决人际矛盾的场域。

一郎：老师，我已经了解《巴黎手稿》的内容了。机会难得，可以请您顺便教我们“马克思主义”那个耳熟能详的词语吗?

老师：没问题。我们一开始提过，可以将《巴黎手稿》定位成马克思主义的原始理论，所以无法明确说明马克思主义的全貌。那么，最后我来稍微介绍三个被视为马克思主义核心要素的理论。纯子，你知道是什么吗?

纯子：是阶级斗争吗？我只知道这个。

老师：很好。其中一个就是阶级斗争论。其他两个是唯物辩证法和唯物史观。先从阶级斗争谈起吧。马克思在《共产党宣言》中，开宗明义地说道："至今所有社会的历史，都是阶级斗争的历史。"

一郎：阶级斗争？

老师：以资本主义社会为例，亦即资本家和劳工这两个阶级展开斗争。唯物辩证法，是在后人承袭马克思思想的过程中所冠上的名称，其实并非马克思本身的概念。

稻夫：噢，是这样的啊。

老师：一般都会将辩证法和唯物论分开讨论。不过串联在一起，可能比较容易理解马克思。在唯物辩证法中，将历史活动定为生产力与生产关系的"经济基础"，以及立于其上的社会、政治制度"上层建筑"。换句话说，该理论描绘出在没有外在要因的情况下，自行变动的历史发展样貌。

以历史作为模板进行思考

纯子：这种概念又和唯物史观相互关联啊……

老师：至于唯物史观，是将生产形式的历史展开，以所谓的原始共产制、古代奴隶制、封建制、资本主义和社会主义等固定形式加以表现出来。或称作历史唯物论。

一郎：意思是，历史是照这样的顺序演变下来的？

老师：这全都只是范本而已。他认为，生产力由于生产效能的提升，逐渐不符合生产关系时，那样的矛盾就会成为原动力，促使历史往下一个阶段演进。例如，封建制度朝资本主义的转换，即肇因于工厂生产之下的资本积累。

纯子：这种演进的最后阶段就是社会主义吧。

老师：正是如此。充满矛盾的资本主义将被革命推翻，逐渐转换至适应生产力的社会。届时就换成各尽其能、按劳分配的社会主义，或是各尽其能、根据需求获得分配的共产主义粉墨登场。

一郎：听来好有活力噢。竞争社会也够累的了，马克思很能引起我的共鸣呢！

老师：确实有部分人认为，资本主义在二十一世纪已经走进死胡同。现在或许正是重新阅读马克思的好时机。今天的课程若能成为大家开卷的契机，就太令人高兴了。

《1844年经济学哲学手稿》名句

工资由资本家与劳工之间的敌对斗争所决定。

我是为了社会而产出，并且是在意识到个人身为社会性存在的情况下产出。

劳工越是流血流汗努力工作，他的内心反而随之更加贫乏，其财产也会随之更加匮乏。

马克思
其人其事

卡尔 · 马克思

Karl Marx（1818~1883）

德国哲学家，经济学家。科学社会主义思想的创始者。他在好友恩格斯的资助下，确立“马克思主义”，对后世产生极大影响。年轻时举家流亡英国，终日待在大英博物馆的图书室埋首研究，外传也因此饿死自己的女儿。著作包括《1844 年经济学哲学手稿》《共产党宣言》《资本论》等。

给对卡尔 · 马克思有兴趣的你——

推 荐 书 单

共产党宣言
马克思 恩格斯 著
人民出版社

马克思
主义的纲领性文献

1844 年经济学哲学手稿
马克思 著
人民出版社

马克思
主义的原点

马克思传
戴维 · 麦克莱伦 著
王 珍 译
中国人民大学出版社

英语世界最权威的马克思生平、思想研究文献之一

第8课

萨特
《存在主义是一种人道主义》

什么是自由地活着？

拒绝诺贝尔奖的哲学家

老师：我们今天来认识一下萨特吧。他最有名的著作是《存在与虚无》，小说则是《恶心》。

一郎：咦，萨特是一位作家？

老师：他当然是位哲学家不会错，尤有胜者，他还是一位非常有名的作家。毕竟他可是曾经拒绝诺贝尔文学奖的男人呢。

稻夫：从拒绝这层意义来看，真不愧是哲学家。因为他不想仰赖权威。

老师：或许可以这么看吧。

纯子：所以，今天要讨论的是《存在与虚无》啰？

老师：那本书也很好。不过，根据我们这一系列课程“选择更容易阅读的著作”的核心思想，我想《存在主义是一种人道主义》会比较适合。这个书名是自原文书名直译而成，日文译本则将书名改译为“何谓存在主义”。

一郎：比较起来，这本书还真薄。

老师：事实上，它收录的是演讲或讨论内容，另外点缀些许短篇小说。今天我想把焦点放在其中的核心内容，也就是演讲的部分。

纯子：这大概是什么时候的著作呢？

老师：一九四五年，第二次世界大战结束的那年。萨特当时四十岁。尽管如此，他已发表过巨著《存在与虚无》以及小说《恶心》，称得上是位名人了。那场演讲是在巴黎一个名为“现代俱乐部”的地方举行，据说当时听众多到挤不进会场，隔天新闻也大幅报道。

稻夫：那个时候存在主义有这么受欢迎吗？

老师：不，在当时并非如此。反而是因为被外界用放大镜检视，因此聚集的人潮全是为了一探究竟而来。所谓的“存在主义”，在当时似乎还是一个具有负面印象的词，使得世人对其充满误解。萨特在那场演讲中则精彩地加以澄清。

一郎：所以，日文译本的书名才取作“何谓存在主义”。像是存在主义的入门书吗？

老师：存在主义这个词，除了前面介绍过的克尔凯郭尔，其他还有如海德格尔、雅斯贝斯等人都曾经提出。而且随着论述者的不同，所做的诠释也有些许差异。不过，其中又以萨特的存在主义最为知名，说到萨特的存在主义入门，应该非这本书莫属。

稻夫：而且是由本人亲自解说的吧？太好了。老师，请您快点儿开始吧。

老师：那么我们就开始吧。萨特在开头说道："我将针对存在主义于此前所遭受的几点责难，试着加以辩护、澄清。"他对于所谓的责难，举出"存在主义将人们诱导向绝望的寂静主义（Quietism），终极而言，将回归到某种静观哲学"等例子。

纯子：存在主义在当时被认为是相当消极的思想。现在很难相信就是了。

老师：某些提倡存在主义的人过着颓废的生活，存在主义大概是被那些印象所拖累吧。所以，萨特认为首先必须澄清相关误解。他表示，"我们所说的存在主义的意义，是种让人类生活趋于万能的教诲，另一方面也是宣示一切真理、一切行动皆蕴含环境与人的主体性的教诲"。

稻夫：又是个庞大的前提概念。具体的内容呢？

老师：他说，存在主义者有两种。一种是基督教信徒。还有一种是无神论的存在主义者，萨特也是同样的立场。上述两者的共同点在于“存在先于本质”的知名概念。

一郎：存在优先于本质？

老师：萨特认为这句话也可说是“必须从主体性出发”。他同时以拆信刀作为例子加以说明。拆信刀是以某种方法所制造出来的物体，并拥有特定用途。所以在此情况下，拆信刀的本质先于存在，或许可以说拆信刀的存在是受到限定的。

纯子：就是到底是存在先、还是本质先的问题吧？

老师：大致上是这样。所以，像拆信刀那种制造方式与用途等早已决定的存在，就是本质先于存在。但是，人类又是如何呢？萨特想说的就是这个。

一郎：他是说“存在先于本质”。

老师：说得更详细一点儿，“这意味着人类是先存在，在世界中毫无预期地展现姿态，其后再被定义”。人类在最初是个什么都不是的存在，之后才成为人类，而且是自我形塑当下的存在。这就是主体性。

拥有主体性地生活！

稻夫：主体性……啊，我慢慢想起来了。萨特就是给人这种感觉。在我年轻时曾经一度蔚为风潮呢。老实说，我当时也是一知半解，原来是这么一回事啊。

老师：萨特是这么说的：“人类并非青苔、腐蚀物或花椰菜，首先最重要的即为以主体性活出自我的‘投现’（Entwurf）。”而投现的意义，类似于投设或筹划。

一郎：意思是，人生完全凭借着自身的意志而决定吧？

老师：正确来说，并非意志。萨特表示，自我本身与意志不同。“我们平常所说的意志是意识性决定，对我们大多数人而言，都是在自己创造出什么后随之而来。”

稻夫：不是意志的话，会是什么呢？

老师：他说，是比意志更为根本、更为自发性的某种选择。只要那是自己的选择，就必定伴随着责任。这一点非常重要。

纯子：自己的选择伴随着责任，这不是很一般的说法吗？

老师：不，萨特所说的责任很不平常。换言之，他的意思并非肩负对于个人的责任，而是肩负对于全人类的责任。

一郎：全人类？太夸张了吧！

老师：这并不夸张，萨特是非常认真地如此认为的。他说，选择自己也就是选择全人类。我们的责任就是与全人类“缔约”（法文Engage）。

一郎：缔约是什么意思？

老师：这是萨特的用语“Engagement”的动词，意思类似

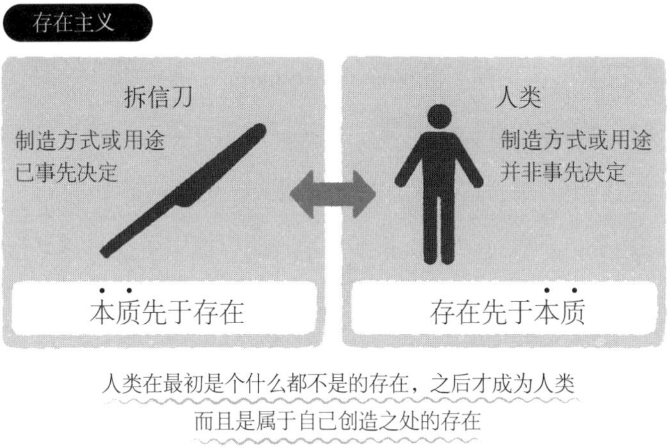

于积极参与和介入。我们来看看萨特是怎么譬喻的吧：“如果我希望结婚生子，即便这样的婚姻主要基于我的个人境遇、热情或欲望，我仍将借此积极参与，促使自我本身，甚至是全人类朝一夫一妻制的方向迈进。”

稻夫：啊，我对这一点好像心有戚戚焉呢。人的确会受到他人所影响。事实上，萨特的选择即便还不到全人类的地步，却也影响了很多人吧。

哲学家的恋人

老师：萨特常常举出夫妻或生子的例子，这大概跟他平常所思考的切身问题有很大的关系吧。萨特的恋人是著名女作家西蒙·德·波伏娃（Simone de Beauvoir），他们从学生时代开始便相伴持续一生，却从未遵循法律结婚。不过，萨特却履行了上述约定。男女这种相知相守的模式，也影响了不少人。

纯子：是说过“女人并不是生就的，而宁可说是逐渐形成的”的那个波伏娃吧？这一对感觉还真像呢。

老师：要说两人真的没有丝毫不安嘛，这就不知道了。对了，萨特当时也曾谈到不安。他说，只要自己的选择会产生对于全人类的责任，必定会感到不安。但是，这并非让行动犹豫不决的那种不安。

一郎：如果是我的话，只要一感到不安就什么事情都做不了了……

老师：萨特正好相反呢。他以军队的军官为例，当军官要部下去送死时，是自身所做出的决定。所以，身为军官必须时常体验那样的不安。尽管如此，却不会妨碍其行动。而且，那样的不安才是他行动的条件。“不安并非分隔我们与行动的隔帘，而是行动本身的一部分。”萨特如此断言。

稻夫：感觉好像是孤独的战斗耶，在心中的那种。

老师：是啊。萨特也说出了孤独这样的词。因为人类不仅是从自己内心或是本身外在，都遍寻不着其他任何应该依托的可能性，而且根本就没有其他退路。他将这样的状态形容成

“被处以自由之刑”。

纯子：这句话很有名吧？

老师：大概是因为很有震撼力的关系。所谓的“被处刑”，意指人类不是自己创造出自己，不过既然已经被抛进这个世界，就必须对自己的一切所为负起责任。

一郎：就像稻夫所说的，人生真像是场孤独的战役呢。

老师：为了让大家更清楚了解这样的孤独，萨特举了某个学生的逸事为例。据说那位青年对于应该照顾母亲或远赴战场而感到苦恼，所以来找萨特商量。

一郎：后来怎么了？

老师：萨特是这么回答的：“你是自由的，所以抉择吧，去创造吧。”他的意思是，这个世界上没有任何指标。

纯子：可是听到这样的答案，特地去找他商量也就没意义了啊。

老师：怎么会呢。以萨特的话来说，当人去找他人商量时，其实自己已经有了答案。而且是抱持着“那个人的话，一定会这么对我说”的心情，去找人商量。

一郎：这么说倒也不假。想要有人推自己一把吧。

老师：是吧！但是真想那么做，自己至少也要采取行动才行。所以，那果然是一场孤独的战争。我很能理解萨特所说的“存在主义与寂静主义完全相反”，就像是油和水呢。

稻夫：那么，可以将寂静主义定义成“什么都不做”吗？

老师：正确来说，应该是提倡“我想做的事，别人也可能会做”的人们的态度。存在主义对此则是明确表示：“除了行动之外，无法实现。”

不认为自己的罪行是错误的乐观主义!?

稻夫：寂静主义者等同于有负面想法的人吧。

老师：没错，相当负面。例如，一旦遇到什么做不到的事，就会马上找借口，比如“这是有缘故的”“原本应该做得到的”等等。无法谈恋爱，或是没有灵感做不出艺术品时也是同样的情况。

一郎：存在主义者在那种情况下会怎么想呢？

老师：萨特是这么说的：“对于存在主义者而言，除了逐渐形成的恋爱，其他都不是恋爱；除了在恋爱中产生的可能性，其他都不是恋爱的可能性；除了在艺术品中所展现出的天才，其他都不是天才。”

纯子：这已经超越了所谓的“正面思考”，只能说它是一句很酷的话。而且似乎有点儿乐观。

老师：所以才会在战后的新时代大受欢迎吧。顺带一提，萨特对于这种乐观的部分也是有所自觉的。他说："但是正因为如此，才会惹得大家都说负面的寂静主义者讨人厌。"萨特根本是个不认为自己的罪行是错误的乐观主义者呢。

稻夫：不过，他所说的"人类是由行动所形塑"这一点，可能还有待商榷吧。我认为就某种程度而言仍存有先天性，或是由环境所塑造出来的部分……

老师：萨特刻意不承认这一点。所以，卑劣分子是自己让自己沦为卑劣分子，而英雄也是自己成就自己成为一位英雄。而且，这些人其实都有不成为那种人的可能性，只是自己不去做罢了。这也就是他所谓的"缔约"。

存在主义是自我中心？

纯子：懂是懂，不过总有种以自我为中心的感觉。

老师：要说全都由自己决定，倒也真是如此。事实上，的确有类似的批判指责存在主义是自我主体主义。不过，萨特也针对这部分做出了明确的响应。主要有三种批判。第一种批判是，"那就会变成不管你做什么都行的情况"。

一郎：对啊，这个批评真是犀利耶。萨特是怎么回答的？

老师："选择就某种意义而言是种可能，若非可能就不会选择。”他在此前提下举例说，若被迫必须对于生子这件事做出选择，不论是要保持纯洁，抑或结婚生子，总之都必须全面负起责任。

纯子：出现了。又是结婚和生子的例子……

老师：换言之，眼前明明也有不选择这个选项，不论后来做出什么决定，既然勉强去选了，便伴随着责任。而且，既然选择了随之而来的责任，就不可能出现没有责任的行动。

稻夫：既然什么都能做，也实际采取了行动，绝非抱持着不负责任的心态行事，就根本没有批评的价值。

老师：就是那样。第二种批判是，“你不能评断他人”。这是说每个人都是根据自身责任而做出选择，所以对于做出被视为多么不应该的选择的人，也不能加以责难。

一郎：这个批判也很有道理啊。萨特能够有力反击吗？

老师：他反击了。他说，每个人都各自拥有判断能力。“我们能够判断某种选择成立于错误之上，而某种选择成立于真实之上。人能够做出认为某人是虚伪欺瞒的判断。”

纯子：这样啊。所谓的自己选择，是根据某种判断后才采取行动，所以当下觉得奇怪的事情，换成别人去做，就能加以指责了。

全新的人文主义

老师：毕竟萨特也在批判争论对手嘛。第三种是非常重要的批判，也和这本书的书名有所关联。“你一手做出某种选择，另一手则赋予其价值判断。换言之，那所谓的价值只要是由你所选，最终仍是基础薄弱。”

一郎：所以，自己先创造出价值，然后再去说这有价值，根本毫无意义啰？

老师：就是那种感觉。萨特在此解说所谓“人文主义”的概念。他说这个词有两种不同含意，一般意义是“将人想成是终极目的且为最高价值的理论”。萨特引用考克多（Jean Cocteau）在《八十天环游世界》的一句台词“人类太棒了”，同时认为人像这样去评价另一个人毫无道理，故舍弃此意。

稻夫：所以，在此之前人文主义的用法是行不通的啰？

老师：是的。因为存在主义不认为人是终极目的，毕竟人必须与时形塑。

纯子：那人文主义到底有什么含义呢？

老师：我们来看看萨特的形容吧。“重点在于形塑人类的超越性——其意并非上帝是超越性的，而是在于‘克服’这层含义。另一个重点是，人类并非被封锁于自身之内，而是经常性地现存于世界中。就上述两层含义而言的主体性相互结合，才

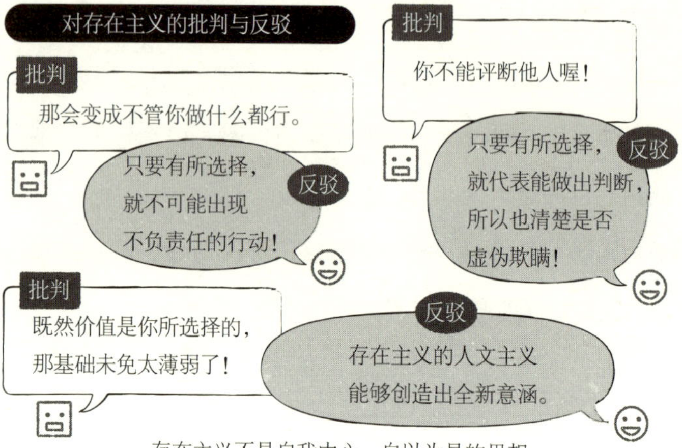

存在主义不是自我中心、自以为是的思想

是我们存在主义所谓的人文主义。”

纯子：所以说，既然能像这样创造出全新含义的人们，自然就有充分基础创造价值啰。

老师：若回应先前的批判，确实如此。以上就是这本书的大致内容。

稻夫：从我这个时代来看，真的很贴切呢。我特别对于那个散发出“不仅自己，还承担了整体社会”的坚强意志的部分很有共鸣。这大概才是自由生活的真正含义吧。

老师：这就是所谓的缔约。那或许也反映出萨特的战争体验。他曾一度被征召从军。他在无法避免的束缚中，被迫体认到所谓的自由，若非在被赋予的“状况”中，终究是不可得。

一郎：个人经历果然对这些体认影响深远啊。我大概就是欠缺这些经历吧。

老师：或许吧。萨特像这样为了克服客观情势，也就是社会问题，从个人事务逐渐迈向团体性投现。缔约正是同时能够跨越客观情势的辩证法式主体的理想。萨特的存在主义，最终也发展成为透过本身行动实现社会变革的理论，而被加以定型化。

纯子：萨特实际上做了什么吗？

老师：他和夺人自由的社会之间的对立逐渐加深，不仅接近马克思主义，也积极参与阿尔及利亚独立运动等为数众多的社会运动，做到他自己所说的缔约。是个亲身实践的人噢。

纯子：我对他越来越崇敬了。

老师：从十多岁的纯子到三十几岁的一郎，就连六十几岁的稻夫都能有所共鸣。萨特果然是一位超越时代的明星呢。

《存在主义是一种人道主义》名句

人类在最初什么都不是，之后才成为人类，而且是自我形塑当下的存在。

人类被处以自由之刑。

对于存在主义者而言，除了逐渐形成的恋爱，其他都不是恋爱，除了在艺术品中所展现出的天才，其他都不是天才。

萨特
其人其事

让-保罗·萨特

Jean-Paul Sartre（1905~1980）

现代法国哲学家。提倡存在主义，本身也积极参与社会问题。除了哲学书籍，也运用小说或戏剧等各种表现方法，风靡当代。举凡与恋人波伏娃之间有实无名的婚姻关系、拒绝诺贝尔文学奖，或是参与阿尔及利亚的独立战争等，时常掀起讨论话题，以时代宠儿之姿纵横 20 世纪。著作包括《存在主义是一种人道主义》《存在与虚无》《恶心》等。

给对让-保罗·萨特有兴趣的你——

推 荐 书 单

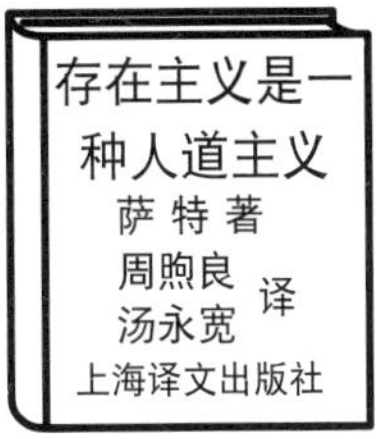

一本短小精悍的
萨特存在主义入门书

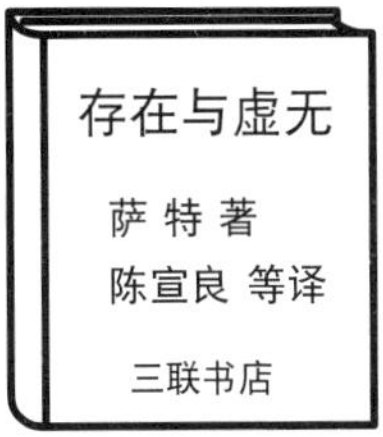

萨特
哲学代表作

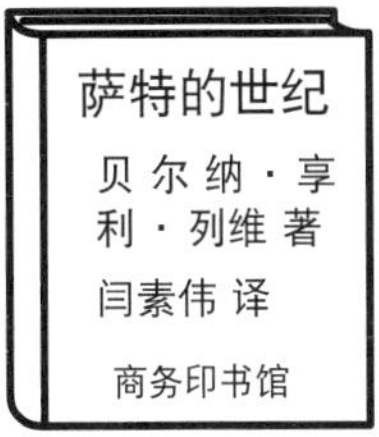

一本有
深度的萨特研究专著

第9课

列维纳斯
《整体与无限》

怎样才能了解他人?

思考他者

老师：今天来谈谈伊曼纽尔·列维纳斯（Emmanuel Levinas）的《整体与无限》吧。这是一本彻底思考“他者”的著作。我想也可以称之为列维纳斯的主要著作。

纯子：列维纳斯曾经被抓进集中营吧？

老师：因为他是犹太人的关系。

一郎：那样的经历终究会影响到他的思想吗？

老师：影响非常深远。尤其对他来说。我先来介绍这一号人物吧。列维纳斯出生于立陶宛，后来归化法国。他被法国征兵后，在德国当了俘虏，几乎全家都惨遭杀害。但是他却得以幸存。

稻夫：情绪想必相当复杂吧。我好像隐约能够了解他为什么会对“他者”这样的命题感兴趣了。

纯子：我对于那个他者实在没辙。我的自我意识算是蛮强的，所以老是不自觉和朋友产生摩擦。

老师：是吗？那么，我想今天的课程对纯子来说，应该会有所帮助。因为即使把列维纳斯的这本著作称为“他者论”也不为过。看看它的构成应该就能了解。除了序文及结论之外，本书共有四章，标题如下：第一章是“‘同’（the Same）和‘异’（the Other）”；第二章是“内部性和经济”；第三章是“面孔与外部性”；第四章是“面孔彼端”。这里所谓的“异”或“面孔”等概念，都在表现他者。

纯子：常常出现“面孔”还真好玩儿。我对这点很好奇呢。

一郎：像纯子这种对自己的相貌很有自信的人，才会有这种感觉吧。

纯子：拜托，一郎，你就别逗我啦。

老师：那么我们就赶紧来看内容吧。列维纳斯首先思考自己与他者之间的关系，人类是如何诠释外在事物。大家一开始是凭借什么去诠释外在的物或人？

一郎：是用眼睛吧？

老师： 一般来说是如此。不过，存在于世的事物全都是因为某种目的而存在，特别是在被人类所认知时，这对人类而言又会产生何种意义呢？这才是他所谓诠释的形式。笔，是为什么而存在的呢？

一郎： 为了书写。

老师： 面包呢？

一郎： 为了被吃。

老师： 是啊，因为那全都是工具。打个比方来说，此时的事物可说是借由手，而非眼睛被加以诠释。

稻夫： 这就是列维纳斯的想法吗？

老师： 不。列维纳斯的想法更进一步。例如渴求面包时，是欲望在渴求面包吧。此时面包就不只是道具，而是生存食粮。如此一来，比起手，也可说是用口来诠释事物。

纯子： 不是眼睛，也不是手，而是嘴巴……感觉像是人类本质之类的东西耶。

老师： “不是用眼睛或手，而是口”这种思考的意义，与所谓的“世界因我而存在，抑或是和我毫无关系的存在”相互关联。亦即，这个世界并非因我所渴求，而被塑造成我所渴求的样貌，或许更应该说是这个世界围绕着我，支撑着我吧。

人类是残缺的集合体

一郎：有点儿难耶。那面包呢？

老师：面包并非为了被人类食用而存在，而是为了滋养人类而存在。列维纳斯的形容是：“在世界为工具的体系的前提下，世界也是食粮的总体。”

一郎：原来如此。

老师：只不过，存乎于世上的一切事物几乎都是由人类双手所创造出来，为人类而存在。而所谓的劳动正是手段之一。我们圈出广大土地，开始耕种后才形成田地。就这层意义来说，“无形之物的形态化”才称之为劳动。

纯子：可是，人类为什么要将形体明确化呢？

老师：那是为了拥有。我们借由拥有，让原为“他者”的世界成为我们的，也就是成为“同”。

一郎：将面包视为食物占有后，面包便纳入了人类的掌控之下。是这个意思吧？

老师：就是这么一回事。人类是需求的集合体。换言之，也是残缺的集合体呢。所以，人类才会渴求。而在满足需求的同时，世界的一部分又成为我们的了。但是，如此一来，是否存在着我们无法回收的绝对他者便成为探讨的问题，也可以说是列维纳斯的课题。

纯子：意思是不受人类需求的事物吗？

老师：是的。只不过，人类仍会追求。尽管如此却绝对不会获得满足。列维纳斯将之称为“欲望所追求的事物”。

稻夫：他把需求和欲望加以区别了呢。

老师：需求译自法文的besoin，欲望则译自法文的désir，也有人翻译成“渴望”，其对象是绝对不会获得满足般地受到无止境追求的事物。

绝对得不到的东西

一郎：就是他者吗？

老师：嗯。所以，他者无法被拥有。如同《整体与无限》书名所象征的，他者是绝对无法被整体回收的无限存在，因为列维纳斯敌视所谓的整体性。

纯子：整体性是指极权主义吗？

老师：这里所说的是一种更为广泛的价值观。

稻夫：只是，其中必然掺杂着他遭受纳粹迫害的经历所影响的部分吧。

老师：我想这部分是有的。说得更详细一点儿，整体性意指承自柏拉图的黑格尔或胡塞尔（Edmund Gustav Albrecht

Husserl）的西方哲学传统。其立场是认知世界整体后，根据不同概念赋予意涵，据此形成将一切彻底纳入单一价值根源的主体，进而诠释“自我”。所以，并非直接指涉纳粹的极权主义，不过确实有部分重叠。

一郎：而他所说的“无限”是指他者？

老师：是的。我来介绍一下列维纳斯所讲述的“绝对性他者的存在”吧。“唯有绝对且陌生的他者，才能教会我们什么。对我们来说，能够成为绝对且陌生的，也只有人。因为只有人才会抵抗所有类型学、所有种类、所有性格学以及一切分类。所以，即便‘认知’的目标是人，该认知最终也将逐渐深入直触对象的彼端。那才是他者的陌生性，唯有他者的自由，不做他想。”

一郎：他者的陌生性啊……

老师：是的，称之为超越整体性的“异”。刚刚我们谈过所谓的需求和欲望，由于是永远相异的存在，所以才会无止境地追求。

纯子：无止境追求的欲望，听来好像恋爱噢。

老师：列维纳斯也提出相同的比喻。例如，食欲是只要把面包放入口中就能获得满足。不过想把恋人放入口中，那是办不到的。接吻或爱抚，都是想要去吃的情绪使然。手的爱抚也是一样。不论如何抚摸都无法满足欲望。所谓的爱抚是“与逐渐溜走的什么之间的嬉戏”，列维纳斯是这么说的。

纯子：他者的身体是绝对无法拥有的呀……

专注凝视面孔的话……

老师：最能象征那个“无法拥有的他者的存在”的，就是“面孔”。

一郎：面孔是指我这张脸吗？

老师：嗯，就是这张脸。毕竟，每个人的面孔都不一样嘛。面孔就是他人的展现噢。而且并非泛指一般的面孔，而是当下面对面的面孔。也就是说，并非面孔在世上展现，而是他者在面孔中展现。

纯子：这我能了解耶。我敢吃生鱼片，但是连头带尾的就不行了。

一郎：啊？

纯子：我是说，我不敢吃有头的鱼啦。

一郎：为什么？

纯子：因为觉得好像被盯着看呀。

一郎：被鱼盯着看？

纯子：嗯。

面孔与他者

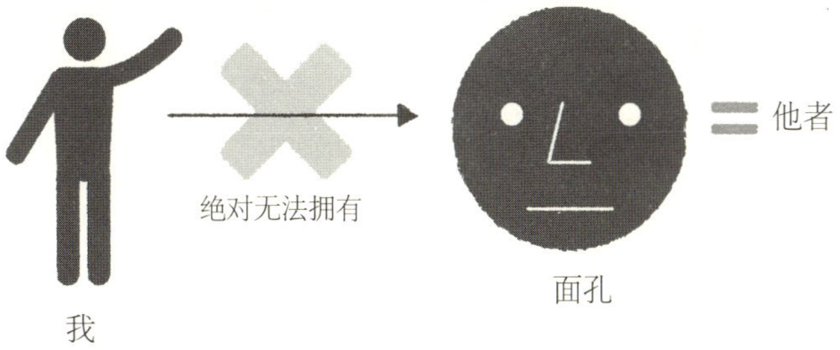

象征他者的，就是每个人的不同面孔
他者正是绝对无法拥有的东西

老师：真的就像你所说的。我不确定鱼怎么样就是了，但至少人的脸，尤其是眼睛，都能彰显个性，不是吗？每个人都不一样。像通缉海报上的照片，不管脸的变化再大，只要眼睛没变，就能立刻认出来吧。

稻夫：没错，只要看眼睛就能感受到生命力呢。

老师：有人说，只要士兵一见到对手的眼睛，便下不了手。就算是战争，在意识清楚的正常情况下，照理说无论如何都没办法开枪杀人吧。所以，只好把对方当成没有生命的东西。不过，在认知人脸的瞬间，“那个东西”就会变成他者了。

一郎：他者的象征呀……

老师：我来介绍几个列维纳斯谈到面孔的部分吧。“面孔拒绝成为人们所见的，反而更清晰地显现眼前。意思是面孔不能被理解，就不可能被包含在所见之内。”又或“面孔拒绝拥有以及我的各种权能。面孔形于外的显现，为感觉性的，尚且能加以掌握，面对把持即忽然转变成为全面性抵抗。”

稻夫：所以，面孔是很特别的存在啰。

老师：是的。而且根据列维纳斯的说法，面孔还会让我们记住羞耻。这种情况下的羞耻是指，当平日我们假装视而不见的自我本身暴露出来时，针对自我本身所感受到的无地自容之感。

一郎：类似内心被看穿的感觉吗？

老师：这个形容很好。真的像是被看穿似的自我内在遭到瓦解，在清空自我后不得不放弃继续安于自我，只得追求超越自我。所谓的面孔，也可说是赋予我们无限责任的他者。而如此特殊的存在，就会出现在我们的面前。

纯子：他者是从外在显现的吧？

老师：嗯。是从外在而来，世界上并无他者。关于这一点，列维纳斯是这么说的：“在世界的组织中，他者等同于无。”

一郎：意思是说他者并非预先存在？

关于杀人

老师：不仅于此，他在这部分也暗示杀人是稀松平常的事。因为，他者的终极拥有就是杀人。

稻夫：只要杀掉他者，就不再是有别于自我的其他人了呀……

老师：能够阻止这种情况发生的，唯有他者的面孔。列维纳斯说："此无限方为他者之面孔，为根源性的表现，也是所谓'汝勿杀人'最初的词汇。"

纯子：开始觉得他者的存在对我而言非常重要。

老师：以列维纳斯的话来说，他者的存在本身就是"伦理"。换言之，和他者之间的关系性即为伦理，同时也让我得以成为独一无二的我。不过，这里要注意的是在此情况下的关系性，非相互性的，也非对称性的。

一郎：非对称的？

老师：是的。一般所谓的"伦理"，都是指自己和他者之间的对称关系吧，是同伴之间应该遵守的规范、一种规则。然而，列维纳斯的"伦理"，却是面孔象征的、对于他者所担负的无限责任，所以会产生非对称性的关系。

稻夫：感觉不太公平呢。

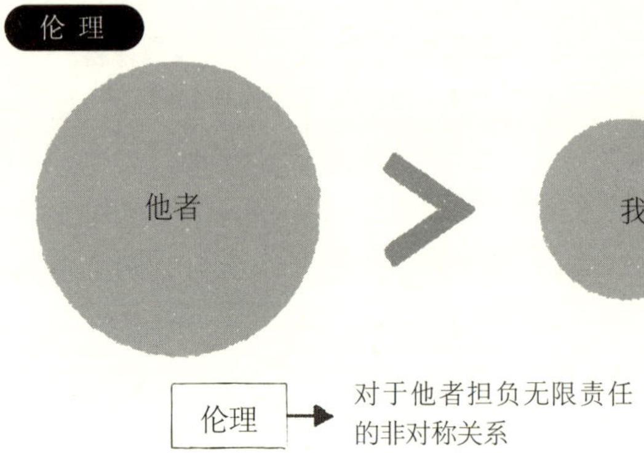

我凭借他者才得以存在

老师： 不过，因着有和他者之间的非对称性关系，我们才得以存在。

纯子： 比起存在，他者更为优先……好像跟一直以来的西方哲学不太一样。

老师： 因为他对于从柏拉图开始，历经笛卡儿、黑格尔等人的西方哲学被称为整体性的形而上学这点，提出谴责。或许在印象上有些不同，但正因如此，才对二十世纪八十年代以后的思想，特别是雅克 · 德里达（Jacques Derrida）等人的后现代（Post-Modern）哲学产生了深远影响。

认同与自己相异的存在

纯子：我现在涌起一股强烈的兴趣呢。列维纳斯的其他著作大概是什么样子呢？

老师：列维纳斯的著作主要可以分为三个时期。以《从存在到存在者》为代表，第二次世界大战刚结束后的时期。他在此时期揭示思想的原型；其次是以本课所讨论的首要著作《整体与无限》所代表的时期，也可说是“体系期”；然后是以重要性名列第二的主要著作《别于存有或超越本质》所代表的时期，也是达成某种转向的时期。

一郎：转向？

老师：也就是说，光看形式层面，文体也和以往不同，简直是箴言金句的累积。重要的内容方面，最大的转变应该是重新检视主体概念的部分。我们来看看列维纳斯的形容吧。“所谓的主体性是位于‘同’的‘异’。不过，并非以犹如对话者和平共存，双方达成协议般的显现。位于‘同’的‘异’的主体性，是受到‘异’所挑动的‘同’的动摇。”大家觉得如何呢？

一郎：主体性是位于“同”的“异”？

老师：也就是在纳入他者的同时，一边身为‘我’的状态。到这里，“我”接受他者才总算出现可能性。不过，他者必定是与“我”相异的存在。因为这是列维纳斯思想最大的重点。

纯子：所以，所谓的“理解他人”，首先必须从认同他者是和自己完全相异的存在开始呀。

老师：是啊。因为人总是会认为他人与自己一样，免不了将本身意见强加诸他人身上，或不懂得尊重他人心情或存在呢。纯子大概也察觉到这个重要的道理了吧。

《整体与无限》名句

无限不可能遭整体性吞噬，即便如此仍应将之视为根源性的什么，加以重视。

面孔绝对无法被理解。换言之，也就是不可能被包含在内。

他者的面孔才是无限，是根源性的显现，也是所谓“汝勿杀人”最初的词汇。

列维纳斯
其人其事

伊曼纽尔 · 列维纳斯

Emmanuel Levinas（1905~1995）

生于立陶宛的法国犹太裔哲学家。曾因犹太人的身份遭受俘虏，却奇迹般地生还。他根据犹太教的相关研究，展开“他者”与“存在”等命题的思索，尤对贯穿西方哲学的“整体性”形而上学提出批判。著作包括《整体与无限》《从存在到存在者》《别于存在或超越本质》等。

给对伊曼纽尔 · 列维纳斯有兴趣的你——

推 荐 书 单

从存在到存在者
列维纳斯 著
吴蕙仪 译
江苏教育出版社

列维纳斯的早期代表作

导读列维纳斯
西恩 · 汉德 著
王嘉军 译
重庆大学出版社

对列维纳斯作品的出色导读

列维纳斯
戴维斯 著
李瑞华 译
江苏人民出版社

了解列维纳斯的入门书

第 10 课

梅洛-庞蒂
《知觉现象学》

为什么必须爱惜身体？

关于身体的哲学

老师：今天要讨论的是莫里斯·梅洛–庞蒂（Maurice Merleau-Ponty）的主要著作《知觉现象学》。他可说是首位以真正哲学角度探讨身体的人物。大家知道梅洛–庞蒂这个人吗？

纯子：他是萨特的朋友吧。

老师：正确来说，应该是“曾经是朋友”。他们一同参与过杂志编辑，但是后来好像闹翻了。相较于严肃认真的梅洛–庞蒂，萨特却是专门突破既定框架。两人本来就像是水和油一般格格不入。不过，过去水火不融的两人到了晚年，又重新展开了交流。

一郎：他是嫉妒当时的明星萨特吗？

老师：我倒不认为他是那种人。那么，差不多该进入正题啰。首先，全书是由序文、绪论、本论三个部分所组成。序文阐述他的现象学观点，绪论则是批判知觉相关的哲学、心理学的研究方法，同时揭示所有的一切都必须在“现象场域”（phenomenal field）中加以研究的方法论立场。

一郎：现象场域？

老师：这是以科学为前提，不同于客观的时间与空间观点的“场域”概念，根据这样的假想，各个主体都被视为一个固有的“场域”。在第一部“身体”中，焦点放在知觉的身体。第二部“被知觉的世界”，研究的是如何赋予被知觉的对象。第三部“对自存在和在世存在”中，主题则是探讨如何逐渐超越笛卡儿被近代哲学视为原理的“我思故我在”的这个概念。

纯子：由于近代始终以意识为核心进行思考，所以他才会尝试将目光转向身体吧？

老师：纯子真是“闻一知十”呀！简单来说就是如此。他在这本庞大的著作中，描绘出人类将身体定位成世界中的一点，从该点感知“在世界中存在”的样态。他也呈现出如何根据现象学方法，彻底研究上述的人类样态。

稻夫：不过，刚刚所说的现象学又是怎么一回事呢？

老师：那是由德国哲学家胡塞尔集大成的哲学潮流之一。

梅洛-庞蒂对胡塞尔的现象学有相当程度的研究。根据他的说法，现象学的目标是回归在我们意识思考、反省、科学研究或哲学思索开展前，已存乎于此的熟悉世界。不过，这和胡塞尔提出的现象学有些许出入。

纯子：有什么不一样呢？

老师：胡塞尔主张，为了摒除对于世界所有先入为主的观念，应当搁置判断，这叫作“现象学的还原”。他认为，这是抛弃我们对于世界所怀抱的“根源性臆见（臆测而生的意见）”。但梅洛-庞蒂表示，那只不过是这个过于不证自明的世界反而让人难以察觉的缘故，为了更明确察觉这个世界，而暂时后退一步观照这个世界罢了。

纯子：可是，真的可以做到从这个世界后退一步吗？

老师：大概不容易吧。梅洛-庞蒂说这样的现象学类似艺术。像绘画或文学等艺术活动，是企图将知觉在人的头脑中拼凑出的世界，表现在画布或书本上使其定型的努力。同样地，现象学研究也是企图将知觉在人的头脑中拼凑出的世界，借由论述表现出来的努力。他是这么形容的：“所谓‘现象学的世界’，并非理应领头的某种存在的形象化，而是存在的创设；所谓的哲学，并非理应领头的某种真理的反映，而是和艺术同样是真理的实现。”

一郎：哲学竟然会跟艺术一样，还真让人意外耶。我原本觉得，应该是跟科学比较像呢。

用右手触碰右手?

老师：因为他将自己的现象学，定位在与法国文豪巴尔扎克和著名画家塞尚的著作同等地位。艺术方面就先说到这里，我们将主题转到和身体之间的关系吧。如同我们一开始所说的，梅洛-庞蒂将兴趣完全投注于身体。他希望借由身体的现象学研究，超越笛卡儿的精神与物质二元论。大家还记得第二堂课介绍过的心物二元论吗?

纯子：存在物是以物的形式存在，或根据意识存在。

老师：是的。但是根据梅洛-庞蒂的主张，自己的身体经验并非诸如此类的物或意识。换言之，他表示有些东西是并非精神也非物质的“双义性存在的形成”。所以，他想要揭示这种身体的独特存在的形成。

稻夫：他是根据哪一点说只有身体是特殊的存在呢?

老师：因为人类是借由身体感知。因此身体的某部分对我们而言永远无法感知。一般来说，我们无法将自己的身体视为他物加以自由观察。

纯子：意思是我们看不到自己的脸吗?

老师：比喻成“看不到自己的脸”，还蛮容易了解的。不过，不止如此噢。摸手这件事情也一样。梅洛-庞蒂表示，“我的右手在触摸某种对象的同时，即便我能以左手触碰那只右手，只要我的右手是对象，就不仅止于是触碰他物的右手。”

一郎：这是说，人类所感知的世界必定有无法感知的部分吧。

老师：是的。这会逐渐和“双义性存在的形成”有所关联。换言之，我拥有身体而生活，就是我潜意识所进行的丰富的身体生活，支撑着我的意识生活。如此一来，这碰巧与我绝对无法自由观看自己的身体一样，我绝对无法自由地以意识诠释自己身体在下意识所进行的活动。

我所不察的自身生活

稻夫：意思是我的生活中，有我所不知道的部分啰？

老师：嗯。根据梅洛-庞蒂所言，我的生活是“有时才觉得是身体性的，有时却又回归成个人行为的往返运动”。也就是说，我的生活总是摇摆在意识、人称与人格以及在其之下我的身体主掌的非人称、无名与一般性默契的生活之间。

一郎：好像有种生活以身体为中心打转的感觉耶。

老师：是的。身体所担负的功能相当重要噢。梅洛-庞蒂表示，身体拥有一种功能，能将各种感觉或运动相互联结，让某种意义或构造从中浮现。他将身体的这种功能称为“身体图式”（body image）。亦即身体能够马上将感觉转换成肌肉运动，也能即刻将某身体部位的肌肉运动翻译给其他身体部位的肌肉运动，又或瞬间让某种感觉与其他感觉相互交流。

纯子：这种功能有什么作用呢？

老师：你问到重点了。这并非单纯阐述肌肉运动的机制，多亏此种身体图式，人类才能在世界中流畅地进行感知，或有所行动。例如，当人想要模仿其他人的行为时，就能直接将对方的相关视觉性感觉，翻译成自己身体的姿势或运动。或者当人根据多数观点逐一感知某物时，观看此物的我的身体，就能根据身体图式，将各种观点变换、翻译成其他不同的观点，同时将这些观点相互联结，综合成为针对单一物品的知觉。

一郎：不过，到底为什么能够做到这样呢？

老师：这个嘛，以梅洛-庞蒂常用的词汇来说，这种感觉或运动为超越各种要素内容的“完形”（Gestalt，也译为格式塔），亦即以形态特性、结构加以诠释。换言之，是在身体图式中，借由将各种感觉或运动置于等价关系，凸显出其共同的单一完形或意义。

稻夫：身体图式所进行的，就是这层含意的构筑呀。

身体图式

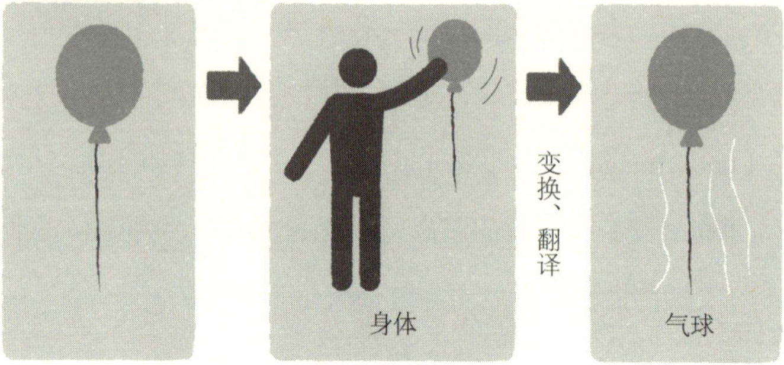

透过身体感知某物时，
那种感觉或运动会被变换、翻译成具有意义的物品

老师：正是如此。梅洛-庞蒂表示，所谓知觉的行为本身，是在脑中凸显出完形（形态）或结构、意义的活动，不过那也仅是其中的一个面向。像这样整合知觉的各个面向，就成了身体图式的作用。他说："到头来，我的身体就是一种'形态'，在此前提下那片混沌未分的土地上得以逐渐浮现出特权性图式，必然也是因为我的身体根据不同任务受到区分，因为我的身体朝不同任务迈进的同时存在着，因为我的身体为达成本身目的而凝缩自我本身；'身体图式'，可说是表现出我的身体为世界内部存在的一种形式"。

纯子：正因为是"图式"，感觉好像画图噢。

老师：这么说来，又要提到艺术了。不过，梅洛-庞蒂也是这么说的哟。"得以比较身体的并非相对于物理对象，应该说是相对于艺术著作。”一幅画作是借由涂抹于画布上的颜料显现于外，同时也深入颜料之中。那是汇整成将那画布称作绘画的“不可分的个体”，而一切事实上也借由画布上的所有色彩和画笔的移动过程中受到认知。

一郎：这个身体图式所描绘出的东西，跟我们在脑海中所描绘的是一致的吗？

老师：不。身体在世界中行为时使之浮现的，也就是梅洛-庞蒂意指形态的完形，在很多情况下都属于潜意识领域。身体图式所显示的多数完形，都是从身为个体的我诞生之前的遗传性继承，意味着“我的存在，是个人以前的某种传统的反复”。

稻夫：这是自己都没察觉到的部分吧？

老师：是的。这被称作只有身体才知道的“默然的，抑或是沉默的知识”。即便刚开始是意识性行为，身体图式一旦获得该行为的完形，此后就会成为习惯化行为，转而在下意识中进行。这被称为身体的“沉淀作用”。“我的习惯世界”则根据此等沉淀作用，受到形塑。

纯子：身体会在意识没有察觉的时候有所行动，听来真是不可思议……

老师：这里以“幻肢”为例加以思考，应该就能理解。幻肢现象中，遭截肢的人拥有在丧失肢体的现实中，不可能出现的疼痛或瘙痒的感觉。梅洛-庞蒂表示，这是人类身体在潜意识中，发挥“根据一般样态，成为某一非人称性存在”功能，所产生的症状。换言之，人类是在一般所谓的健全的、习惯的身体，所采取众多潜意识习惯行为的支撑下生活。

一郎：骨折的时候就会这样耶。右手明明不能动，还是会想用那只手去搔头。

老师：就是那种感觉。即便某特定个人遭受截肢，对于该个人而言，在这个非人称性、习惯性身体的身体图式不再有效后，仍会企图仰赖此一般性的身体图式生活。因此，才会产生幻肢现象。有趣的是，梅洛-庞蒂从这一点与弗洛伊德产生了联系。

梅洛-庞蒂与弗洛伊德

稻夫：是那个有“精神分析之父”之称的弗洛伊德吗？他的《梦的解析》很有名呢。

老师：正是。梅洛-庞蒂表示，弗洛伊德借由精神病理学的见解，厘清人类的意识生活与身体的匿名生活之间的关系性。例如，歇斯底里患者的症状所表现出来的，并非患者针对某种状况有意识地根据本身责任做出的反应，取而代之的是完全由

作为沟通的身体

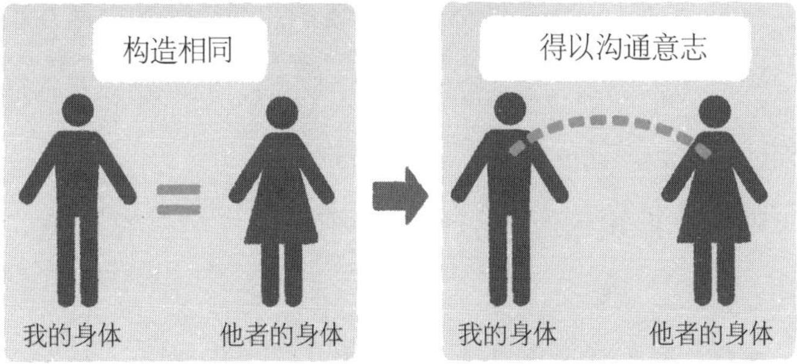

正因我和他者的身体拥有相同构造的身体，
方能理解对方，得以沟通意志

身体掌握的潜意识生活部分，将对于状况的不满或怒气，以这个身体的病状潜意识地加以发挥。若套用幻肢的例子，会是什么样的情况呢？

纯子：也就是说，因为不愿承认手足被截断，所以下意识地以所谓“幻肢”的形式表现出来啰？

老师：是的。只要人类在身体层面过着非人称性生活，就能够放弃意识性存在，将身体当作“人生的藏匿处”，将自己封闭于那种无名的生活中。

一郎：这样听下来，“身体”感觉起来挺负面的耶，而且是某种病态意识的藏匿处。

老师：当然，不只是这样而已噢。相反地，身体才是让我对世界开放，在世界中面对各种状况，以人的姿态生活成为可能的基础，同时也是根本。之前提过的身体图式构成完形的概念，就是明证。因为在那个当下，我们的身体正和世界互相呼应。梅洛–庞蒂说：“我们的感官询问外物，而外物回答感官。”所谓的感官，在此泛指所有感觉器官。

稻夫：他说的身体与世界互相呼应，是很有意思的想法呢。

老师：是啊。他更直截了当地说：“一切知觉是一种交会或者结合，我们的身体和外物可说是已然成对。”他还说，语言从而逐渐成立。

一郎：我似乎慢慢能够理解“语言是一种身体机能”的道理。因为不动嘴巴、喉咙，就没办法说话呀。

老师：身体只要一面对世界，便根据身体图式进行整体的知觉性、运动性对应，其中之一，就是人类的身体会发出声音来。好比身体图式在知觉或运动中，会企图凸显出一定的完形或意义一样，利用身体图式呼应世界的身体，所发出的声音也必定拥有一定的完形或意义，像这样被加以构造化后的声音，就是语言。

纯子：所以，身体是沟通的一部分啰。

老师：你点出了非常重要的一点。正是身体的一般性、无名性让理解他者，或与他者的意思沟通成为可能。换言之，他者的身体与我的身体拥有相同构造，他者等同于第二个自己，因而得以彼此了解。梅洛-庞蒂说："我的身体仿佛在他者身体中，自身意图的奇迹似延伸；亦即发掘出因应世界的熟悉样式。"像这样，我的身体与他者身体凭借身体图式汇整后，得以共同拥有同一意义，我们称之为"意思沟通"。

稻夫：这个人主张任何一切凭借身体就会成为可能呢。

老师：真的是这样。附带一提，自由也是如此。第三部分正是就此展开相关论述。

一郎：啊？凭借身体能够获得自由？像我小时候就是因为个子矮，才会放弃当个篮球选手耶。

老师：身体的确也有制约自由的那一面没错。但是，他说相反地让自由成为可能的也是身体，因为我们的身体图式能够编织出无限的多样意义。也因此，人类往往已然与某人相遇，完全融入身体所带来的事实状况中，不过也能借由主体性地承受该状况，"重新审视己身过往、予以变形，彻底改变其意"。

纯子：这部分很有存在主义的味道呢。

老师：嗯。以下这段话，也很像存在主义。"我的生命的相关选择，往往奠基于某种给予之上。我的自由虽然让我的生命偏离其自然意义，然而那也是在首先承担那样的意义后，借由一连串天翻地覆的转移才形成，绝非借由绝对性创造而形成。"

一郎：我要更珍惜自己的身体才好。最近有点儿过度操劳了……

老师：你察觉到非常重要的事情。让梅洛-庞蒂来说的话就是，“我就是我的身体”。意思是，身体就是一切。所以在某种意义上，这也超越了以“我思故我在”这种自我意识为思考核心的近代哲学原理。

《知觉现象学》名句

所谓的现象学为存在之创造，所谓的哲学为真理之实现。

我们的感官询问外物，而外物回答感官。

我的身体通过他者身体与世界相互连接。

梅洛–庞蒂
其人其事

莫里斯·梅洛–庞蒂

Maurice Merleau–Ponty（1908~1961）

法国当代哲学家。以胡塞尔的现象学为基础，率先将“身体”正式作为哲学主题，提倡非人称行为的“身体图式”及构成世界的“肉”等独特概念。曾与巴黎高等师范学校的同学萨特等人参与反纳粹活动，其后分道扬镳。曾任法兰西学院（collè gede France）教授。著作包括《知觉现象学》《行为的结构》《可见与不可见》等。

给对莫里斯·梅洛–庞蒂有兴趣的你——

推　荐　书　单

行为的结构
梅洛–庞蒂 著
杨大春 等译
商务印书馆

梅洛–庞蒂
的早期著作

知觉现象学
梅洛–庞蒂 著
姜志辉 译
商务印书馆

梅洛–庞蒂
最重要的著作

梅洛–庞蒂
普里莫兹克 著
关群德 译
中华书局

梅洛·庞蒂核心
主体思想的简明介绍

第11课

福柯

《规训与惩罚：监狱的诞生》

讨厌受人操控该怎么办？

本身烦恼是思考哲学的契机

老师：我们今天来读米歇尔·福柯（Michel Foucault）的著作吧。他是个很有意思的人。福柯生于一九二六年，成绩优秀又喜欢看书。不过，身为同性恋者，他在自身所抱持的烦恼折磨下，渡过了精神不稳定的青年期。或许也因为如此，他起初取得了心理学学位，以心理学研究作为钻研学问的起点。

一郎：会投入哲学的人，自己也都有什么烦恼吧。

老师：思考自身的烦恼的确会成为一种契机。后来，福柯就以异于常人的飞快速度进入大学任教，逐渐积累学术界声望。特别是在著作《词与物》成为畅销书后，使得福柯一跃成为闪亮之星。他于一九七〇年，年方四十四岁时被任命为法国最有权威的学术机构法兰西学院的教授，其后也积极投入政治活动。

纯子：与之前登场的萨特很像呢。

老师：只不过，福柯的政治活动并非在宣扬政治意识形态的大前提下进行，他始终是以专家的角色投入特定问题。或许多亏如此，他才得以根据不同问题的情况，与各界知识分子共同奋战。大概也是在这时候，他为了因应改善监狱政治犯境况的声浪，创立与其著作《规训与惩罚：监狱的诞生》相互关联的“监狱信息小组”（Prison Information Group，PIG）。

稻夫：那是他的主要著作吗？

老师：就政治思想这层意义来说，算是主要著作。他的思想发展可分为三个时期。从第一期到《临床医学的诞生》为止的要点是，被视为非理性而遭到社会排斥的人们，事实上并非本质的非理性之故，只是经过筛检后认定他们对于近代社会的运作“方便”或“不方便”罢了。换言之，对于当代权力而言，方便的人就被视为理性的，不方便的人就被视为非理性的，如此而已。

什么是权力?

一郎: 他所说的那些，现在也都一样呢。

老师: 对此，福柯在以《词与物》为主要著作的第二期，所论证的事实是，只要社会构筑于对于权力者而言方便的理性之上，历史或该时代的真理就不能称之为绝对性的。而在不确定的年代中彷徨的人们，其主体性到了第三期终于受到了撼动。如同《规训与惩罚：监狱的诞生》所阐述的，我们一直以来视为人类特权所深信不疑的主体性，事实上已在无形的权力监控下，沦为遭受去势、规格化的自我规律。其中所运作的是，为换取生存保障而强化顺从的“生之权力”。

纯子: 所以，今天的主题是第三期啰。不过，我觉得不论哪个时代，福柯的要求都会是同样的。

老师: 是什么呢?

纯子: 揭发权力的真相，或抵制权力吧。

老师: 没错。如果要用一句话来表现福柯的思想，大概就是如此。第三期相当于集大成的部分，正好适合我们讨论。那么，我们赶紧来看看《规训与惩罚：监狱的诞生》吧。福柯开宗明义提出了这样一个问题：针对曾于十八世纪所施行的将身体大卸八块等残暴刑罚，到了近代完全销声匿迹的疑问。

一郎: 不再分割了吗?

老师：不再分割身体没错。但是，却变成了分割时间。福柯举出“巴黎少年感化院的相关规则”中，以分钟为单位严格的作息时间表。那已经不再是折磨犯人的身体，而是封锁他们的身体，剥夺他们的自由的刑罚形态。

稻夫：那的确是很大的转变，不过只是因为人类受到启蒙的缘故？或者人类变得不再那么原始了？

老师：一般看来会觉得变得人道了吧。福柯的看法可没那么单纯、有情调。福柯否定将社会制度或习惯行为的发展视为单纯过程的进步史观。他说，刑罚制度并非进步，那终究是刑罚形态的变化，出现其他种类的权力科技罢了。

纯子：意思是不再对身体动刑啰。

老师：这样的看法应该也行得通。亦即，刑罚的对象从身体转移至精神。尽管刑罚经过改革，以福柯的话来说，就会变成“并非更少的处罚，而是更好的处罚”。

一郎：更有效率吗？

老师：用“更有效果”会比较好。为此，专家所扮演的角色就逐渐变得重要起来，他们会进入犯罪者的精神层面，判断其心灵、思考、意志或素质等各方面是正常或异常。

稻夫：如此一来，就没必要囚禁身体了吧。

老师：倒也不是这样。原本以人道主义立场出发去改革刑罚制度的人们最初的构想是，为了防止再犯，必须让受刑人和整体社会了解刑罚的公共的道德观念。然而监狱制度的实际运作，却成为创造出以身体为直接对象的“服从主体”的监禁、矫正装置。

纯子：管理身体的意义慢慢改变了呢。

关于新的权力

老师：是的。福柯表示，“即便在采用监禁或矫正等‘稳健’手段的情况下，会引发问题的往往是身体”。和对精神产生作用的权力相同，在此也形成了一种对身体产生作用的“微视权力”。

一郎：那是一种新的权力吗？

老师：是新的。因此，福柯相当重视专家与其发挥科学知识的角色。专家们运用精神医学、犯罪学，还有心理学或教育学等所有知识，进行犯罪者的精神分析。然后，从中拉出一条分隔正常与异常的界线，做出关于个人评价、诊断、预后或规范等判断。

稻夫：这方面也有新的学问吗？

老师：是的。那就是各种人类科学。以人类为主题，研究其行动或心理的学问。研究者会根据行动或心理的相关规范定义异常与否，并进行个人分析。

纯子：我觉得挺意外的耶。毕竟“知识”都有一种对抗权力的印象啊。

老师：一般是这样没错。不过对福柯来说，两者是相互影响的。根据这样的合作，对于个人的身体以及精神产生权力作用。这就是福柯独创的“权力—知识”的观点（权力观）。

稻夫：那个知识的对象就是监狱啰。

老师：是的。所谓的监狱系统，在阐明近代的社会权力科技方面，成了主要的分析对象，因为从中得以发现福柯命名为“规律与训练”的新型权力。当然，规律与训练的对象是人的身体。好比把人套进一定的模型里，借此改变、规格化，并训练人类的身体动作。也可以说是“身体的政治技术”。

一郎：有哪些训练呢？

老师：福柯举了士兵的例子。十七世纪初期，拥有适合成为士兵的身体特征的人，被视为理想士兵。但是到了十八世纪后半叶，那些身体特征慢慢不再受到重视。因为，那个时候已经开始能够矫正身体，打造出理想士兵的体格。

纯子：把人改造成适合当时社会的身体……

老师：是的。规律与训练是“将达成运用身体的严密管理成为可能，坚定体力的恒常束缚，强制体力的顺从＝效用”的方法。进一步解释的话，他说实际上有四种方式。

规律与训练的 4 种方式

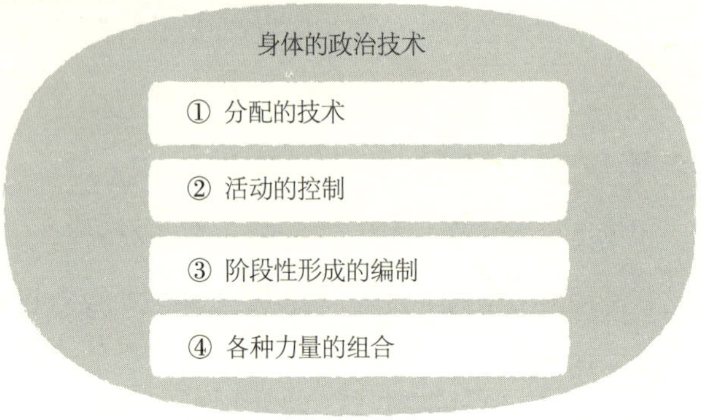

借由改变身体创造适合社会的人类

一郎：规律与训练的方法吗？

老师：是的。第一，将每个人分配到封闭、独立的空间，根据“一览表”将整体组织化（分配的技术）；第二，将身体行动进行时间的细分化，将各种行动进行严密的形式化（活动的控制）；第三，将晋级过程分成不同阶段或系统，并据此赋予适当训练（阶段性形成的编制）；第四，组合关于身体的各项要素，将其视为零件，组入单一复合性的权力装置（各种力量的组合）。

稻夫：还真的是一门科技呢。

老师：通过这样的科技，才能对身体细部发挥详尽的作用。那也将施予个人的“规训”，视为本质功能。

一郎：什么是规训？

老师：译自法文dresser，原本是训练的意思；直接翻译的话，语感又有些不同吧。借由上述的施予规训，人类被逐渐打造成为近代性的个人、权力行使的客体。

纯子：不过，学校在做的事情就是训练吧？

老师：例如，“层级监视”“规范化裁决”“考试”。

一郎：考试？

老师：没错。福柯表示，所谓的考试是与某种知识的形成以及权力行使的形式密切连接的规训手段。换言之，就是对身体灌输以知识形式学习到的内容，相反地也是将身体层面学习到的内容化为知识形式，予以普遍化。

监视摄像？防止犯罪摄像？

稻夫：所以不仅要对身体发挥作用，也必须以知识的形式发挥作用呢。

老师：是的，考试在这方面就是一种有效的方法。接受考试的个人，会因为考试被赋予资格、评定等级，或是被否定资格的强制手段所处罚。个人因此会在更为匿名化的权力之下，反而变得“可视化”，并且沦为记录文件的对象、记录制作中的某一事例。

纯子：这样就能了解定期举行考试的学校为什么会变成训练的场所了。

老师：用福柯的话来说，“学校是一种不中断的考试装置”。

稻夫：关于监视，有什么特别的方法吗？

老师：Panopticon。

纯子：边沁的那个？

一郎：哪个？

纯子：英国功利主义思想家杰里米·边沁（Jeremy Bentham）啦。他所设计的监狱概念panopticon，翻译过来就是“全景敞视建筑”（圆形监狱）。

老师：是那个panopticon没错。“全景敞视建筑，是一种分割‘观看＝被观看’这种相对概念的机械机关。在那个圆环状建筑内部的人会被一览无遗，却绝对看不见对方；位于中央位置的人能够观看一切，却绝对不会被观看。”在这个设施的中央建有监视塔，周遭圆环建筑物内设有独立房。每间独立房有两扇窗户，一扇在外侧，另一扇在内侧，如此一来，从监视塔得以观看内侧，从独立房却看不到监视塔。福柯就是注意到了这样的设计。

一郎：这又为什么会引起福柯的注意呢？

老师：因为此处的监视者与被监视者之间，存在着视线的不平衡，而这样的不平衡正是权力的象征。

全景敞式建筑

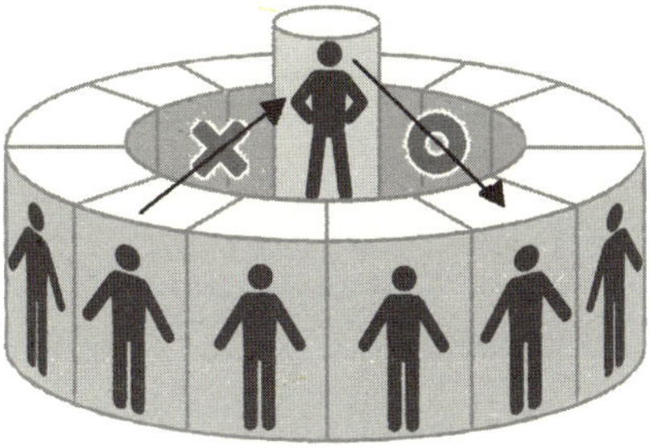

从中央位置的监视塔能够看见独立房，
而从独立房看不到中央

稻夫：这是一方完全顺服另一方的构图呢。

老师：全景敞视建筑的情况意味着，囚犯意识到随时被监视的可能性，于是自动成为顺从的“从属主体”。权力在此通过囚犯个人而深入内化。权力被“消灭个人化”后，逐渐成为匿名性，并且得以发挥更为巧妙精致的效果。

纯子：我慢慢懂了。所以，福柯想说的是，全景敞视建筑原理所显示的规律与训练权力作用，不仅限于所谓的监狱制度，更扩及近代社会的各个角落啰。

老师：你还是一样敏锐。福柯表示，该原理已扩及我们社会的各种制度中，比如学校、工厂、职场、医院及军队等，发挥和监狱一样的效果。对于社会秩序的形成与维持而言，该原理已然扮演了无法忽视的重要角色。

稻夫：像这样的规律与训练不仅止于个人的“身体”，同时也贯穿社会体，造成“规律与训练社会”的出现……

纯子：这样说来，监视摄像头也有和全景敞视建筑相同的效果呢。即使实际上没有摄像头，只要看到“监视器运作中”几个字，就会觉得有人正在看着自己，然后表现得特别行礼如仪啦。

一郎：那我们不就跟犯人一样了吗？

老师：所以，监视摄像头的设置不单是隐私问题，在权力关系方面也受到外界议论。

一郎：对了，我想问个简单的问题。监狱真的已经变成一个规律与训练的场所了吗？听说出狱后的再犯率很高。福柯所说的难道没有错误的可能吗？

老师：原来如此。这是个很好的问题呢。直截了当地说，福柯早已将这一点纳入了他的理论当中。

一郎：咦？所以出现累犯者也没关系啰？

老师：当然如果所有人都再犯那就伤脑筋了，只是多多少少还是需要累犯者。福柯表示，“我们或许不该因此认定监狱在减少犯罪这方面是失败的，而是提出此等假设：监狱已成功创造出在政治上与经济上危害更少的不良行为，但极端情况下能加以运用……”

纯子：“能加以运用的不良行为”，该不会是指间谍吧。

一郎：纯子，你电影看得太多了吧？

老师：不，间谍也是如此。

一郎：啊！是吗？

老师：简单来说，泛指权力机构不能公开承认的非正式工作。权力才得以将监控范围扩及至法律层面无法查缉的部分。

一郎：好深奥……不对，是好恐怖啊！

对无形的权力有所觉

老师：以上就是福柯《规训与惩罚：监狱的诞生》中的权力论，此后他的权力论也以各种不同形式展现在世人面前。想要稍微一探究竟的话，他在名为"知识的意志"的著作中，以"性"为主题基础，描绘了所谓"主体行使权力"欲望满足的样貌。此外，亦揭露在以舒适生活为目的的现代福利社会背后，其实潜藏了死亡的原理。相对于赐死的权力而言，被称为赐生的权力，也就是"生命权力"。

纯子：监狱的规训权力和"生命权力"，又有什么样的关系呢？

老师：并不能说"生命权力"能够取代规训权力，两者在社会中是相互交叠的。规训权力所假设的社会，个人是被配置空间与监控。相对地，“生命权力”则是将人视为集合体，加以管理统治。

稻夫：我们的社会，好像到处都被权力绑得死死的。

一郎：被人家操纵在股掌之间还真讨厌耶。

老师：若能对此有所自觉，我想也不见得只有被权力压制的份儿噢。重要的是，要对无形的权力有所自觉。还有，该抵抗时就要抵抗，就像福柯一直以来的行事风格。

《规训与惩罚：监狱的诞生》名句

规训与训练是借由对身体作用，据此强制顺从。

所谓的学校，是在整个学期持续发挥教育作用的不中断的考试装置。

“全景敞视建筑”借由让被监控者看不见监控者，创造出无形的权力。

福柯
其人其事

米歇尔·福柯

Michel Foucault（1926~1984）

法国现代思想家，法兰西学院教授。虽持续为同性恋的身份所苦，却始终坚持分析权力结构，并予以批判。他曾提出如“疯癫不过是权力的产物”、“权力会逐渐将规训内化于人们心中”等指责。著作包括《规训与惩罚：监狱的诞生》《词与物》《知识考古学》等。

给对米歇尔·福柯有兴趣的你——

推 荐 书 单

词与物
福柯 著
莫伟民 译
上海三联书店

福柯的
历史分析著作

知识考古学
福柯、谢强 著
马月 译
三联书店

标志福柯
思想转向之作

福柯的生死爱欲
詹姆斯·米勒 著
高毅 译
上海人民出版社

对福柯的一生充满想
象力的大胆诠释之作

第 12 课

汉娜·阿伦特

《人的境况》

要怎样才能每天神采奕奕地活着？

对生活方式提出建言的哲学书

老师：今天让我们来谈谈汉娜·阿伦特（Hannah Arendt）的《人的境况》。

纯子：《极权主义的起源》应该是她的主要著作吧。

一郎：极权主义……是指纳粹提倡的思想吗？

老师：是的。汉娜·阿伦特是位犹太人，虽然曾居住在德国，却奇迹般地逃过纳粹的迫害，年轻时便流亡到美国。之后，她详细分析那样的极权主义兴起的成因，相关研究成果就是第二次世界大战后不久所发表的《极权主义的起源》。《人的境况》则是相隔七年之后写成的著作。

稻夫：为什么老师会选择这本书呢？

老师：我来说明一下。《人的境况》所讨论的核心为公共事物与自由等，而极权主义正是缺乏上述意识所导致的后果。若以此为鉴，《人的境况》的内容可说是揭示了相关的思想原理。

纯子：所以，可以把它定位成《极权主义的起源》的原理解说书啰。

老师：正是如此。除此之外，我觉得这本书说不定会对稻夫有所帮助。

稻夫：我？

老师：因为，我们也可以将《人的境况》视为对生活方式的建言。

稻夫：我明白了。确实可以作为我迈向人生第二个阶段的参考呢。

工作与劳动是两回事

老师：那我们就赶紧来看看吧。首先在第一章“人的境况”开头，汉娜·阿伦特论及人类的三种基本活动为“劳动”（labor）、“工作”（work）与“行动”（action）。

一郎：劳动和工作不一样吗？

老师：那只是汉娜 · 阿伦特的分类。她说，劳动是“因应人类生物学过程的活动力”。换言之，就是产出被视为生存必需品的活动。因此，劳动之于人类的境况即为生命本身。

稻夫：这给人一种身体劳动的印象耶。

老师：相对地，工作则是“因应人类生存的非自然性（unnaturalness）活动力”。非自然性听起来好像很难，不过代表的就是无法被立即消费的事物。好比工作成果，亦即所谓的“制成品”——家具、机械等。这些东西无法被立即消费，而是被使用的。因此，工作之于人类的境况是“世界性”。

一郎：世界性？

老师：以制成品为所有人使用的这层意义来说，有“共有性”之类的意思。而“行动”与上述两者不同，其明显特征是“人与人之间直接交流的唯一活动”。也就是说，和政治相关，但并非政治人物所进行的活动，存乎于心的重点是像市民讨论等草根活动。

稻夫：这样的行动很好没错，不过把工作与劳动分割开来，总觉得怪怪的。

老师：只是，汉娜 · 阿伦特也说这样的区分有其确切根据。那就是词源。不论选择源自于希腊文或拉丁文的英文、法文或德文，这两个词都具有不同的词源。这是题外话，据说汉娜 · 阿伦特是从厨房以及打字机受到的启发。因为烹饪是劳

人类的活动力

劳动 labor 产出被视为对生存本身而言必要的事物

工作 work 产出工作物

行动 action 与政治相关的事物

人类有三种基本活动力

动，而写书是工作。

一郎：原来如此。果然还是不一样啊。

老师：而且行动存在着和上述两者绝对性的差异，那就是以复数性为前提这一点。不论是劳动或工作，都能独自一人进行，行动若无对象则难以成立。我们来看看她对于“行动”的解释吧。“所谓的政治（politics），意指在城邦（polis）中生活；而在城邦中生活，是指一切并非仰赖权力或暴力，而是凭借语言与说服决定。”换言之，政治的核心在于语言和说服，那才是汉娜·阿伦特所称的“行动”。

稻夫：语言交谈的确需要对象呢。

老师：她说，“之间”（in-between）是必要的。如果没有你我之间这样的关系，语言也就没有发挥作用的必要。那样的话，对象不再是和自己不同的人，也不会拥有不同的想法或观点。

纯子：毕竟政治需要的是和自己拥有不同看法的人嘛。也因此，语言才会被需要。

一郎：如果强行压制呢？

纯子：如果强行压制，那就不是政治了呀。

老师：就是这样。汉娜·阿伦特表示，“单凭裸呈的暴力无法引发语言，在此理由之下，仅有暴力不可能成就伟大”。

一郎：汉娜·阿伦特最重视的就是政治吧。

老师：至少可以说比起私人领域，她更重视公共领域。城邦的外部是私人领域的家庭（oikos）。城邦为活动场所的自由领域，家庭则是人基于生物观点，为维持生命所必须从事劳动而受到束缚的场所。好比光明与黑暗呢。

纯子：汉娜·阿伦特自己说过，“城邦是光明的，家庭是黑暗的”？

老师：她是这么说的。换言之，政治是以语言对他人产生作用，从而彰显自己是什么样的人。相对地，私人领域则剥夺了上述表现自我的机会，也就是隐藏在公共领域光明之下的黑暗。顺带一提，英语意为“私人”的private，词源是拉丁文中带有“欠缺”含意的privatus。

稻夫：不过，也不能因此就不需要私领域吧？

老师：汉娜·阿伦特并没有说得那么极端，她反而认为两者都是必要的。问题在于两者混杂这一点。

纯子：老师，我还有一点儿不太了解，那就是所谓“城邦为活动场所的自由领域”中，自由的含意。我觉得城邦既然是共同生活，就绝对不会自由呀。

老师：这真是个好问题。的确，汉娜·阿伦特在这部分所指称的自由，并非一切都能随心所欲的自由。她指的是和他人合作、活动。所以，自由和权力并不是对立的。

自己无法控制的事物

一郎：这跟一般的想法很不一样耶。

老师：是啊。普遍认为权力会控制或压抑自由。但是对汉娜·阿伦特来说，唯有具备维持人与人之间关系的力量，才能让权力与单纯暴力相互区隔。那不外乎就是汉娜·阿伦特所说的，自由中那股与他人合作的力量。

稻夫：这么说来，一旦没有权力，就没有自由啰。

老师：会变成那样没错。不过，其实汉娜·阿伦特也提及这样的政治也有不自由的另一面。很有意思吧。

一郎：咦?

老师：当我们借由行动对他人产生作用时，并无法控制他人对于我们自身的“展现”有何种观感。意思是，对他人所发出的语言的影响范围，是无法限制的。这称之为“无限制性”。或者，我们无法预测语言会带来什么样的结果。这就是“不可预测性”。而且，语言一旦发出，就不能当作没发生过，亦即“不可逆转性”。

纯子：以自己无法控制的这层意义来看，就是她所谓的“不自由”啰。

老师：是的。只要行动是语言行为，其中必然伴随着不确定性与偶然性。但汉娜 · 阿伦特表示，想要解决这个问题同样必须依靠行动。想克服不可预测性，就必须要求“相互约定”。

稻夫：是我们平常说的那个约定吗？

老师：可以这么说。意味着即便面对的是不确定的未来，仍有得以到达之处。同样地，不可逆转性也能借着“原谅”加以克服。原谅的作用，是让导因于难以挽回的行为，不至于引发无止境的连锁憎恨。

纯子：好像感觉到希望了耶。

老师：那个“希望”若能以“开始”加以代换，或许一点儿也没错。为建构全新关系的“开始”的行为，也正是行动的意义。汉娜 · 阿伦特比喻说：“原来如此，人终须一死。但是，人生来并非为了死亡，而是为了开始。行动往往能让人们记起这个道理。如果这样的行动不具固有能力，也就是防止破坏、展开新事物的能力，那么走向死亡的人类寿命，绝对会将属于人类的一切领向灭亡与败坏吧。”

一郎：这力量还真强大啊。

老师：果然会有这种感觉。那么，想必大家应该能从到目前为止所提及的内容，充分了解为什么汉娜·阿伦特会这么重视政治领域了吧。所以，她才会感叹近代社会中“社会”的出现，使得政治领域逐渐消失。

一郎：咦？社会是不好的吗？

老师：以侵蚀政治领域的层面而言，确实如此。也就是说，在希腊时代，家庭是私有领域，政治是公共领域。然而到了近代，不属于私有领域，也不属于公共领域的社会领域却逐渐扩张。最典型的代表就是工厂。

稻夫：提到工厂还真让人有点儿意外。

老师：我想大家可以这么思考。过去每个人都是在家庭产出生活必需品，食物或衣服皆然。今日那些东西全变成由工厂生产。社会就像这样侵蚀家庭领域。而且，只要看看社会保障就能明白，社会同样正逐渐侵蚀政治领域。就人类活动而言，显示劳动逐渐比行动占优势。

从消费社会产生的孤独

纯子：汉娜 · 阿伦特是在批判劳动成为人类的本质这一点吧。

老师：是的。第三章就是以“劳动”作为标题，展开对于马克思将劳动视为人类本质的批判。虽然常遭到误解，不过汉娜 · 阿伦特绝对不是一个反共主义者，她批判马克思的根据并不在于此。她纯粹是批判马克思将人类的本质放在劳动这一点。

稻夫：那就变成是批判经济活动本身啰。

老师：正如你所说的。汉娜 · 阿伦特表示，“生命过程中的公共分野——社会领域，可说解放了自然事物的不自然成长。其结果，与私有领域事物亲密连接的一方，以及狭义的政治事物的另一方，都变得无法保护我们本身”。所谓的“自然事物的不自然成长”，意味着持续加速的劳动生产扩大。

一郎：那么，“政治无法保护我们本身”是指?

老师：市场拥有过于强大的力量，导致政治无法完全控制的状态。

一郎：这在二十一世纪也通用呢。

老师：随后，汉娜 · 阿伦特还更直截了当地批判消费社会。例如，“如今，椅子或桌子等，如同衣服一样被快速消费，回过头来看看衣服，则几乎像是食物一样被快速消费”。

纯子：所以，她是想在这样的现况中，重新找回政治领域吧。

老师：是的。因为如果不这么做，她担心情况可能会变得非常糟糕。

稻夫：她是担心极权主义吗？

老师：是的。对公共事务漠不关心的大众社会十分危险。大众社会的特质为“标准化主义”。“他们被剥夺从他人有所见闻的机会，同时也被剥夺让他人有所见闻的机会。他们的一切全被封闭在自我主观的唯一经验中。”于是孤独从中而生，轻而易举地逐渐被极权主义的疯狂所吞噬。

接受他者为自由的存在

一郎：根据汉娜 · 阿伦特的说法，到底应该怎么做才好呢？

老师：她认为，唯一的办法就只有让“行动”复活。汉娜 · 阿伦特以一八四八年法国的二月革命，乃至于一九五六年的匈牙利革命等一连串的变化为例。她说这样的过程，会逐渐创造出如同“人民评议会制度”等，拥有全新政治准则的全新公共空间。

一郎：全新公共空间？

老师：这也和汉娜 · 阿伦特的公共领域理论有关，虽然顺序有些颠倒，这里就先来介绍一下吧。汉娜 · 阿伦特的讨论在

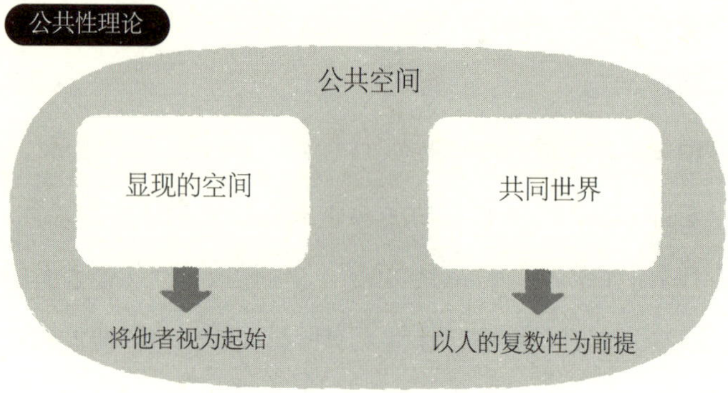

构成公共空间的两个要素为
“显现的空间”和“共同世界”

某种意义上，可说是公共领域理论的先驱。其中的关键词，大概就属“显现的空间”与“公共空间”。

纯子：显现的空间，是指“他者显现的空间”还是“我所显现的空间”呢？

老师：两者皆是。显现的空间，是根据人际行为或言论，在相互有所关联之处所创造出的空间。“显现的空间是在人们共同聚集之处，无特定地点的潜在存在。但追根究底，只是潜在的，并非必然也非永恒，”汉娜·阿伦特如此形容。

一郎：意思是，公共空间必须是显现的空间吧？

老师：是的。这部分很重要的一点在于，显现的空间是把他者视为一种“起始”的空间。

纯子：她是要我们别先入为主啰？

老师：可以这么说吧。简言之，就是无关其他一切条件，接受他者为自由的存在者。

稻夫：我好像渐渐明白了。在极权社会中，之所以不将他者视为自由的存在者予以接受，因为那并不是个显现的空间吧。

老师：嗯。还有一个原因：那并非共同世界。汉娜·阿伦特针对共同世界是这么说的："共同世界虽为所有人相互邂逅的共同场所，在该处显现姿态的人们，都各自在该处占有相异的一席之地。就如同两个物体不可能占有同一场所一样，某人的立足之地也不可能与他者的立足之地一致。"

纯子：所以，必须有复数人类，共同世界才得以存在。

老师：对啊。而所谓的公共空间，则是根据那样的共同世界所构成。

纯子：想必语言和说服也相当受到重视吧。

老师：正是如此。总之，汉娜·阿伦特的探讨很容易受到刻板印象的批判。她以古代城邦为蓝本的理论，常遭受"不适用于现代社会"之类的议论。

一郎：可是，像那样去轻视《人的境况》的宗旨，未免也太可惜了吧。

老师：真的是这样。我想很重要的一点是，本书所揭示"政治即为语言与说服"这个部分。特别是对于早已忘却语言功能的现代政治，此等要求的意义格外重大。不是吗？

稻夫：行动、公共空间……就像老师一开始所说的，我似乎发掘了很多关于展开人生第二阶段的提示呢。谢谢老师介绍这么一本好书。

老师：真高兴听到你这么说。

《人的境况》名句

所谓的共同体生活，并非意指一切仰赖权力与暴力，而是仰赖语言与说服而决定。

唯有所有人能从不同立场道出不同意见的事实，才是公共生活的真谛。

的确，人终须一死。但是人生来并非为了死亡，而是为了开始。

阿伦特
其人其事

汉娜 · 阿伦特

Hannah Arendt（1906~1975）

活跃于美国的现代女性思想家。原为犹太裔德国人，为逃离纳粹迫害，被迫流亡海外。师从海德格尔和雅斯贝斯，受其强烈影响。因分析极权主义产生的机制而广受注目，同时也是展开公共性相关探讨的先驱者。著作包括《人类的处境》《极权主义的起源》《艾克曼在耶路撒冷》等。

给对汉娜 · 阿伦特有兴趣的你——

推 荐 书 单

极权主义的起源
阿伦特 著
林骧华 译
三联书店

阿伦特的主要著作，也是其理论原点

过去与未来之间
阿伦特 著
王寅丽 等译
译林出版社

阿伦特
最为重要的作品

阿伦特为什么重要
杨-布鲁尔 著
刘兆成 等译
译林出版社

试图就当代重大问题，在想象中与阿伦特进行对论，阐发其思想的当下意义

第13课

罗尔斯
《正义论》

如何与他人分享？

怎样才能消灭阶级差距?

老师:今天来介绍美国政治哲学家约翰·罗尔斯(John Rawls)的代表作《正义论》吧。这本书出版于一九七一年,适逢美国六十年代民权运动、反越战运动等,所有人开始质疑"正义何在"的时期。也因此,虽然是本艰涩难懂的哲学书籍,当时仍广受公众瞩目。

纯子:不过,正义论也是现在热门的讨论话题呢。

老师:真不愧是纯子。你平常对这方面也多有涉猎吧。正义论的主题是,怎样才能公平分配。其中特别论及矫正差距的方法,所以在最近贫富差距越来越大的社会背景之下,再度受到注目。

纯子：所以，今天的副标题才会定为“如何与他人分享”吧。

一郎：那个正义是这个意思呀？我还以为一定会讲到与战争有关的事情，因为“正义的那一方”给人强烈的印象。

老师：大概有很多人这么想。不过，罗尔斯划时代的创见是在社会福利的相关探讨中，融入正义的概念。

稻夫：老师，那位罗尔斯到底是个什么样的人呢？我才疏学浅，虽然说七十年代初正好是我的学生时代，可是我却完全不知道这个人。

老师：罗尔斯是哈佛大学的教授。据悉，他是在当时实用性学问偏重的情况下，促使从亚里士多德以来的政治哲学得以重振声势的人物。尤其是《正义论》，更成为日后所有有关正义的言论，或者liberalism的探讨基础。

一郎：liberalism？

老师：就是自由主义。一种着重价值中立的立场。在罗尔斯的探讨中，具体来说是以“正当优先于良善”这样的形容加以表现。换言之，即使是大多数人所抱持的强烈信念，假如并非奠基于正义的各项原理，而仅止于喜好选择，那么对于社会制度的批判要求，便无丝毫重要性。罗尔斯在此肯定“正当”就公共原理而言的优先性。不论为何种良善的特殊提议，都必须是已被个别确认的正义。

取得“无知之幕”（veil of ignorance）吧

纯子：在最近的政治哲学热潮中，也常听到罗尔斯这个名字呢。不过，似乎批判的声音比较多……

老师：嗯。有哪个部分获得正面评价，又有哪个部分遭到批判？我们就赶紧来看看内容吧。一言以蔽之，这本书的主题可说是提出一个相关探讨，取代至今占尽优势的功利主义的正义。

稻夫：是指“最大多数人的最大幸福”的那个功利主义吗？

老师：正是如此。功利主义认为幸福的最大化就是正义。但是，并不过问幸福的分配方法，也就是“平等”。即便弱者或失败者存在也无所谓。将之视为问题的罗尔斯，因而思考难道没有其他实现正义的方法吗？他从这里所构思出的，正是“将洛克、卢梭、康德所提倡的传统社会契约论，加以一般化与抽象化”的方法。我们在第四堂课中讨论过卢梭的社会契约论，大家还记得吗？

纯子：那是以每个人所共同怀抱的公意为基础，根据契约打造社会。

老师：是的。罗尔斯正是运用这样的想法。《正义论》由三个部分组成，第一部分开头就出现上述内容。罗尔斯在阐述正义的至高无上性后，提及社会契约论。他将所谓的社会，定位在“追求互惠互利的共同冒险计划”，同时思索在那样的社会分享利益的方法。

一郎：所以，既然是根据契约所打造的社会，分配从中产生的利益时，只要根据某种契约性的东西就行了吧？

老师：并不是要根据契约分配，他只是想，会不会有什么大家都能同意的方法。

一郎：具体来说呢？

老师：他提出所谓“原初状态”的概念。

一郎：原初状态？

老师：原初状态的原文为“original position”。根据罗尔斯所言，“那是能确保人们从中获得公平公正的基础共识的适当初

· 原初状态

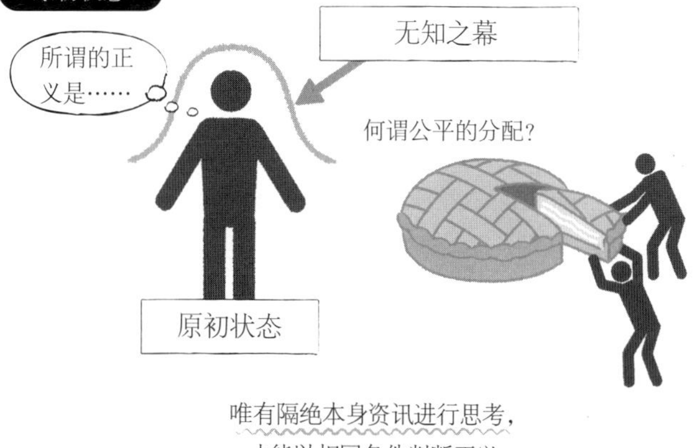

唯有隔绝本身资讯进行思考，
才能以相同条件判断正义

期现状”。他还说，为了创造出这样的状态，我们必须覆上一层“无知之幕”。这算是某种思考实验吧。也就是假设我们不知道自身的差异性，人人处于平等合理的相同情况之中。唯有如此，才能以相同条件思考对于其他人而言的正义为何。

一郎：原来如此。的确当人想到自己的事情时，总会不自觉地做出有利于自己的判断呢。就算是思索正义，也总会把自己视为例外吧……

老师：是的。不站在其他人的立场思考，便无法判断出真正的正义。不过，为此必须将自己的情况搁置一旁。像这样借由无知之幕协调出原初状态后，终能判断正义。在此登场的，就是罗尔斯的“正义两大原则”。

稻夫：有如判断正义的公式吗？

老师：可以这么说。我们就依序说明这两个原则吧。首先，关于“第一原则”，书中是这么写的：“每个人都拥有平等的权利，得以享受最广泛的基本自由体系。此等自由体系同时必须与其他人同样的体系彼此兼容。”

“第二原则”则是：“社会和经济的不平等必须满足以下两个条件。”即“第一改善社会最弱势族群状况”，以及“第二在机会公平均等的条件下，对所有人开放各项公职或地位”。

一郎：听起来似乎蛮复杂的呢……

老师：简单来说，第一原则是“平等的自由原则”，第二

正义的两大原则

第一原则	平等的自由原则
↓	
第二原则（b）	机会的公平均等原则
↓	
第二原则（a）	差别原则

正义原则的适用，
是为了让最弱势族群获得最大利益

原则的（b）是“机会的公平均等原则”，（a）则称为“差别原则”。而这些原则也根据这样的顺序加以应用。

纯子：所以，最先是自由，然后是机会均等，最后则是矫正差别啰？

老师：是的。这样的顺序称作lexical order。

一郎：lexical order？

老师：意思是“词典式序列”。首先，根据第一原则，应该将自由平等地分配给每一个人。不过，这里所谓的自由仅限于言论自由、思想或身体等基本自由。其次，根据第二原则的（b），唯有在获得某种地位或职业的均等机会受到保障的情况下，才容许社会或经济的不平等。而仍存在的不平等则借由第二原则的（a）“差别原则”加以调整。

容许不平等的例子

稻夫：哦，原来如此。我能理解自由摆在最优先顺位这一点，但是为什么紧接着会是机会均等呢？

老师：这是因为在判断社会、经济不平等的是非与否时，首先必须重视机会较少的人们分配到多少机会。另外还有一点，在应用正义两大原则时相当重要的“最大化最小值规则”（maximin rule）。

一郎：最大化最小值规则？

老师：意思是，关注可能的选项所可能引发的最糟情况，并在最糟结果中选择相对而言最好的选项。这里的假设是，前述在原初状态中的人，选择“最大化最小值规则”的解决模式，亦即被视为将最糟情况最小化的正义的两大原则。因为，一般人很自然合理地，会采取与对方不产生敌对冲突，同时尽可能避免自己遭受不利的谨慎态度。

纯子：刚刚说到“以差别原则加以调整”，又是如何运作的呢？

老师：他说，不平等仅容存于最弱势者获得最大利益的模式之中。这样的想法是基于拥有得天独厚才能的人，只是偶然间拥有那样的才能罢了，所以理应与境遇欠佳者分享其利益。

稻夫：有点儿抽象耶。

老师：那么，我们换个方式思考吧。假设眼前有一块蛋糕。现在有十个饥饿的人要瓜分它。此时若根据正义论，该如何分配这块蛋糕呢？首先，从第一原则的“平等的自由原则”来看，生命或身体的自由被视为最优先，所以绝对不容许像许久以前的农村，为了减少分食者而杀掉某人的情况发生。

一郎：去卖肾来筹钱之类的也不行吧？

纯子：好恐怖噢……

老师：是的，那也不行。接下来，根据第二“机会的公平均等原则”，十个人当中只要有人想吃蛋糕，那些人就必须能够吃蛋糕。不论是谁，只要有人遭锁链捆绑，或是拥有无法单独一人使用的特殊工具的话，就必须先改善这样的状况。

稻夫：像是有婴儿或残障者在场？

老师：那大概就是正义论所假设的情境。当所有人的境况都趋于平等之后，终于要开始把蛋糕分成十份。一般而言，会分成十等份。可是，假设现在眼看有个人就要饿死了，这里便适用第二原则的（a）“差别原则”，分给那个人稍微多一点儿。

稻夫：如此一来，任谁都能心服口服了。

纯子：还真是所谓的“公式”耶。

老师：这就是重点所在啦。再次重申，罗尔斯的宗旨在于比起道德议论，也就是“良善”，程序正当的“正”更应该被视为优先。为此，必须凭借一个能够尽可能在更多事例中，引导出妥当结论的公式。罗尔斯称之为“反思均衡”（reflective equilibrium）的概念。

运用正义的方法

一郎：反思均衡？

老师：是的。这是指通过判断与原则相互调整的过程，所达成的理想状态，也就是不断地确认公式的适当性。

一郎：想借此确保正当性啊……

纯子：老师，我现在很清楚正义两大原则的应用方法了。但是从制度的角度来看，实际又是如何运用呢？

老师：《正义论》的第二部分“制度”，便是就此展开了相关讨论。罗尔斯提出四个阶段。第一阶段为原始状态，立约者首先选择正义的两大原则。当所有人取得共识后，接着进入第二阶段的制宪集会。立约者皆为代表人，不过对于与自我本身的相关信息仍被笼罩于前述的“无知之幕”中。

纯子：那么，他是以那些人理解到什么样程度作为前提的呢？

老师：罗尔斯如此形容。他的假想是，“理解社会理论的各项原理，再加上了解他们现在对他们的社会而言普遍有关的事实，亦即自然环境与天然资源、经济发展水平、政治文化等”。正义的第一原则在此被纳入宪法之中。他假设能够实现正义的政体为某种立宪民主主义政体。然后，进入第三阶段的立法工作。在此第二原则成为讨论的议题。

稻夫：这个阶段会制定政策吧。

老师：是的。尤其是社会政策或经济政策。并且根据第二原则，政策“应在维持平等自由、公平的机会平等的条件下，使社会中处于劣势者获得最大利益”。第四阶段，则是“法官或行政人员将规则应用至特殊案例，以及人民遵守规则的阶段”。人民是在此阶段后，才真正直接面对正义原则。以上，就是正义两大原则的内容以及如何应用的概要。

稻夫：我反而觉得那个“良善”比较重要，所以没办法喜欢这样的说法耶。

老师：但是，罗尔斯也说过不能完全不去考虑“良善”。

稻夫：咦？是吗？

老师：《正义论》到了最后所阐述的，甚至可以说就是“良善”吧。正义原则一旦被采用，接下来的问题就是如何在社会中，跨世代传承这样的价值。在此之际，良善就会被提出来。罗尔斯除了这一点之外，还同时提倡“社会联盟”的概念。

纯子：就像理想的共同体那样吗？

老师：或许可以这么说。正义实现后的成果，比如共同制度或活动等，都获得正面评价为本身具有价值，也就是“良善”。而所谓的“社会联盟”即为实现那些良善的共同体。

一郎：我本来还以为罗尔斯是个不知变通的人呢。

老师：事实上，罗尔斯在与《正义论》相隔很长一段时间后所发表的《政治自由主义》，显示出他更为柔和的姿态。他说，支配世界的是“稳健的多元主义”。换言之，他所根据的前提是这世上虽然不可能两者兼具，却有彼此可能稳健并存的复数世界。

纯子：那个复数社会又该如何折冲呢？

老师：由于追求单一真理已经不可能，所以罗尔斯认为只要合情合理即可。他表示，只要在那所谓合情合理的范围中，取得某种程度“交叠共识”（overlapping consensus）就已足够。

稻夫：总免不了让人有种做了大幅度的让步，或倒退一大步的印象耶。

老师：的确，若不再需要从原初状态开始的合理选择，仅须交叠共识即可，就其理论而言，读来的确会有倒退的感觉。实际上，对此提出非议的人也很多。

一郎：不过，既然罗尔斯本来就说过“反思均衡”是必要的，所以这似乎也可说是从现实主义的观点加以因应吧……

老师：说到现实主义，罗尔斯在一九九九年所发表的《万民法》中，曾尝试将正义论应用于全球框架之中。当时，他所走的还是现实主义的路数。

桑德尔也受其影响

一郎：这又怎么说呢？

老师：举例来说，本来如果要把正义论直接套用于国际社会，那么不论任何国家都必须积极地加以干涉，同时矫正该国的阶级差别问题。然而，他却不这么主张。至少针对“具备判断能力的阶层社会”这方面，他表示，“即便并非民主国家，也不应以自身的自由价值观对其强制要求”。

纯子：他是考虑到了伊斯兰各国吧？

老师：是的。罗尔斯也是设定如“卡萨尼斯坦”这个假想的伊斯兰国家，进行相关探讨。

纯子：他命名的品位还真差劲……

稻夫：纯子，你真是有够严格的呢。不过，以正义之名去压制任何一个国家，的确不好。我很能了解罗尔斯所说的。

老师：无论如何，罗尔斯都影响了其后许许多多的哲学家。最后一堂课所介绍的哈佛大学教授迈克尔·桑德尔（Michael Sandel）也是其中之一。我希望大家务必亲自确认罗尔斯的思想是如何发挥其影响力的。

《正义论》名句

正如真理对思想体系而言为首要之德，正义为社会各种制度首要应发挥之事项。

我们应在维持平等的自由之前提，公平的机会均等条件之下，希望能将处于最劣势者的利益予以最大化。

我们乐见每个人对于“良善”的概念不尽相同，然而关于“正”的概念，却不能与之相提并论。

罗尔斯
其人其事

约翰·罗尔斯

John Rawls（1921~2002）

美国政治学家，哈佛大学教授。犹豫思考如何打造一个公平社会，于是将所谓“正义”的概念套用于社会福利的探讨，也促使当时已陷入低迷的“政治哲学”得以重振声势。他以现代自由主义的代表性评论家角色，引发辩论热潮。著作包括《正义论》《政治自由主义》《万民法》等。

给对约翰·罗尔斯有兴趣的你——

推荐书单

万民法
罗尔斯 著
陈肖生 译
吉林出版集团

罗尔斯
的国际正义论

政治自由主义
罗尔斯 著
万俊人 译
译林出版社

罗尔斯在本书中继续并修正了《正义论》中的理论

罗尔斯：生平与正义理论
涛慕思·博格 著
顾肃 等译
中国人民大学出版社

一部优秀的解读《正义论》的作品

第 14 课

诺齐克
《无政府、国家和乌托邦》

国家为何存在？

诺齐克是个什么样的人？

老师：今天要谈罗伯特·诺齐克（Robert Nozick）。他的名字大概是在我们这一系列课程中，最鲜为人知的吧？

稻夫：都是我自己的学问不够，说来惭愧，的确是初次耳闻。

一郎：我也是头一次听到。

纯子：他是自由放任主义（Libertarianism，也译自由至上主义）的代表人物吧。

老师：不愧是纯子。是的，诺齐克是美国政治哲学家，今天要谈的《无政府、国家和乌托邦》出版于一九七四年。当时，上堂课介绍的罗尔斯的《正义论》才刚出版，正值国家理应照顾人民福祉与生活的共识逐渐形成之际，诺齐克在此时却以自由放任主义的立场大唱反调。

一郎：可……可以打扰一下吗？那个“自由放任主义”是什么意思啊？

老师：这个嘛，看来有必要说明一下何谓自由放任主义。抱歉，是我疏忽了。自由放任主义又分成不同种类，但一言以蔽之，就是“将个人的自由最大化，将国家的强制力最小化”这句共同的标语。所以，也被翻译成“自由至上主义”等。而自由放任主义者，就是支持此等思想的人们。

稻夫：这样的思想之所以出现，有其时代背景吧？

老师：个中原因在于自十九世纪末以来逐渐扩散的福利国家思想，造成国家权力过度扩张。这也是对于通货膨胀、财政赤字等“政府失败”批判的表现。

纯子：老师刚刚提到自由放任主义又分成不同种类，那么诺齐克在这之中的定位如何呢？

一郎：纯子的提问层次还真是不同凡响呀……

老师：重点就在于所容许的国家规模到达何种程度。提倡完全裁撤的是“无政府资本主义”（Anarcho-capitalism），经济学家戴维 · D · 弗里德曼（David D. Friedman）即为这方面的著名论者。而“古典自由主义”（Classical liberalism）除了治安、国防、司法等国家最低限度职能，货币或公共物品的供给也予以认同。著名论者有哈耶克（Hayek）等人。认同程度相对较为限缩，主张国家机能无论如何都应止于治安、国防、司法等最低限度的中间立场，则是“最低限度国家论”。这就是诺齐克的立场。我们来看看他的论述吧。“本书关于国家的主要结论，有以下几点：职能限缩于保护人民免于暴力、盗窃、诈欺，以及契约执行等的‘最低限度国家’，被视为正当。超越此限度的扩张国家，皆被视为对于并未受到强制必须进行某种特定情事的人们造成权利侵害，亦非正当。”

一郎：想到政府只会收税然后乱花一通，就蛮喜欢这种想法的耶。我甚至觉得，国家也不是说想干啥就能干啥。这样也算是自由放任主义吗？

最终目标为乌托邦？

老师：那我们就赶紧来看看，这本书会不会成为一郎的圣经吧！首先从整体来看，本书由三部分组成。第一部分的标题是“自然状态理论，又如何在未曾实际尝试的情况下自然回归国家”。他向无政府主义者力陈最低限度国家的任务，仅止于保护人们免于暴力、诈欺、盗窃以及执行契约，可予以正当化。

接着，在第二部分“超越最低限度的国家？”中，他一改议论矛头，主张相反地超越最低限度国家的扩张国家，不能予以正当化。在此，罗尔斯的《正义论》就成了他的靶子。

而第三部分“乌托邦”，则借由各式各样可自由参与或脱离的共同体，将最低限度国家视为乌托邦予以充分理解，试图彰显最低限度国家的制度对于性质相异且各自拥有不同幸福感受的所有人皆极具魅力。

稻夫：称之为“乌托邦”还真不错。毕竟是理想的国家理论嘛。

老师：那我们就来看看，打造该理想国家的详细内容吧。首先，关于第一部分的主题——将最低限度国家正当化。诺齐克试着假设从无政府状态出发，乃至于国家状态的目标之间可能会有的最艰难的路径，并予以克服，从而达成国家的道德正当化。

纯子：这算是如何催生国家的思考实验吧？

老师：你说到重点了。那必须历经自然状态（state of nature）、保护性社团（protective associations）、商业的保护性社团、强势的保护性社团（dominant protective associations）、超低限度国家（ultra-minimal state）以及最低限度国家（minimal state）等六个阶段。

稻夫：所谓的自然状态，是霍布斯有名的“所有人对所有

催生国家的方法

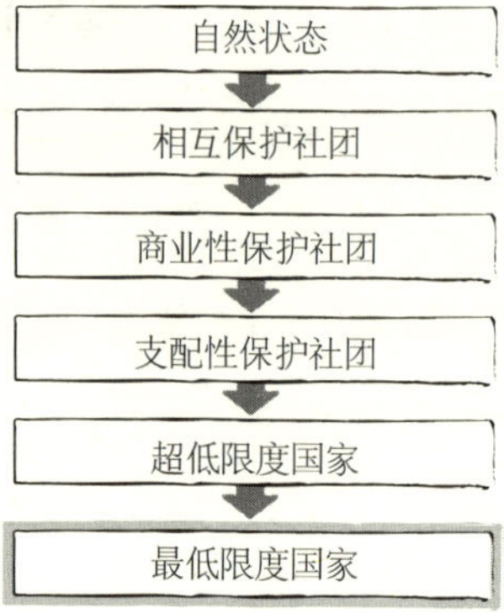

历经六个阶段，从自然状态催生出最低限度国家

人的战争”状态吗？第四堂课好像出现过……

老师：不，没到那个地步。而是从个人权利被视为道德原则的自然法（natural law）的状态出发。亦即洛克在《政府论》中所设定的各种权利——个人生命、健康、自由、财产的不可侵犯性，以及救济或预防上述侵害的权利。每个人在此框架中，都是完全自由的。

第二阶段为“保护性社团”。由于权利的实现依赖自力救济，不仅无法确定各自的权利侵害能否获得解决，对于该以何种方式解决纷争的见解也无法一致。此外，也可能出现需要的实力不足的情况。为此，人们必须组成互助组织，借此确定权利的保障与救济。

思考实验——到形成国家为止

一郎：好比以前治安不好的东京涩谷等地也都做过，类似地方巡警队那样的组织吧？

老师：没错。这样的组织逐渐变成像保安公司那样后，便迈入下一个阶段。为求更进一步的确实性与效率化，每个人的分工也就益发细致。协助实现权利的专门机构和顾客缔结契约，顾客也开始购买服务。如此一来，就会产生在一定领域内有多数商业性保护机构并存的状态。

稻夫：这是市场原理呢。接着会有个出类拔萃的公司冒出头来吧？

老师：真不愧是做过生意的稻夫。竞争与武力斗争的结果，就会有单一保护机构出现并独占该领域。以该机构已无竞争者这一点而言，可说是极度接近最低限度国家，然而转换程序尚未完成。因为领域内可能仍旧存在着无政府主义者，他们完全不从保护机构购入服务，而是持续贯彻权利的自力救济。

纯子：之后，终于要转换到最低限度国家了吧？

老师：是的。只要还存在着自力救济的可能性，其中就有出现错误的可能。因此，保护机构会对该错误施行处罚，实质上等同于独占强制力的行使。而在最后一个阶段中，保护机构便以无政府主义者行使权利的潜在风险，会带给其他顾客不可能赔偿的恐惧为由，事先禁止。

一郎：一旦这么做，无政府主义者也不可能闷不吭声吧？

老师：毕竟这跟侵害无政府主义者的自由没什么两样。不过，保护机构也必须付出这么做的代价。保护机构就像这样，借由对无政府主义者提供与其他顾客相同的服务，完全独占某一领域中的治安、防卫与司法权。

一郎：没有国家的话，果然还是没办法高枕无忧。可见得最低限度国家是必要的呢。

课税如同强制劳动？

稻夫：我现在已经很清楚形成最低限度国家的过程了。只不过，为什么非得是“最低限度”呢？

老师：是的。诺齐克在第二部中，借由批判扩张国家对这一点做出了回答。换言之，所谓支撑福利国家正当分配正义的概念，是为了实现社会中某种理想状态，以诺齐克的话来说，即为“模式化”（Pattern），个人财产重新分配。但此举必须侵犯到个人自由，才有可能实现。假如人们拥有任意处置所有物的权利，那么上述的模式化势必会在重复交换的过程中崩坏。

一郎：难道没办法尽可能持续维持那个模式化吗？

老师：那么，大概就必须不断地干涉个人的私生活了。诺齐克认为，自由与模式化不可能两者兼顾。例如，针对勤劳所得的课税，便等同于强制劳动。

纯子：课税就是强制劳动的说法还真耸动视听呢……

老师：毕竟那样的课税要正当化，全体人民对于为巩固、维持国家存在的分配模式化取得共识的这种不切实际的条件，就必须成立才行。

一郎：所以这根本就做不到，但是国家还是照样课税啊。

老师：这类理论的基础，在于所有权理论——“历史的赋予权利理论”。该理论是根据以下三种正义，考虑拥有某物的正当性。其中包括：从无人拥有状态转变成被人拥有的过程——“独有、获取的正义”；从某人所有物转移至他人所有物的过程——“让渡、转让的正义”；矫正过去的不正当获得、移转——“矫正的正义”。

纯子：就是取得手段是否正当吧？

老师：没错。相反地，在决定一切正当性时，取决点仅止于某人在获得财产过程中的正当与否，除此之外皆不列入考虑范围。

诺齐克所言的三种正义

一郎：老师，可以请您更具体地说明这三种正义吗？

老师：好的。首先，独有、获取的正义意即“某无主物一旦掺入某人的劳动因素，那个人便对其产生所有权”。这一点因洛克的劳动价值理论而广为人知。洛克还加上了“若此等无主物对他人而言仍有充分剩余”的但书。诺齐克则稍加修改，认为“若该独有不至于造成他人的状况恶化”。

纯子：意思是说，如果侵害到他人的权利，就不被承认是正当拥有吧。

老师：是的。再来是关于让渡、转让的正义，意指当事人的任意交换是以自发性为条件。但如此一来便产生一个问题，那就是区分自愿交换和强制交换、压榨的基准何在。

稻夫：诺齐克如何解决这个问题呢？

老师：他提出某人的行为选择是否受制于他人，以及该行为是否造成权利侵害的两个基准。至于意在挽救的矫正的正义方面，各位应该没问题吧。那么，终于要来谈谈诺齐克所谓的乌托邦啰。

一郎：进入第三部分了。结果，他的结论还不是全都交由市场决定吗？

老师：你是这么想的吗？虽然自由放任主义者经常遭到外

界如此误解，却不一定将自由放任主义式的资本主义视为万灵丹。对于他们而言，个人私领域的自由才是最重要的，利伯维尔场以及最低限度国家不过是确保、维持上述自由的绝佳手段罢了。

纯子：简单来说，这些人只要能守护个人自由就行了吗？

老师：若用一句话来做总结，就是这样。

纯子：诺齐克为什么会这么认为呢？

老师：其中有许多原因。例如，如何禁止个人沦为他人追求目的之工具的康德式人格尊重，又或只要不危及他人，当事人皆拥有支配自己身体等自我权利的观念。

一郎：我倒是蛮能了解这种“自己最重要”的概念。

老师：无论如何，只要能够守住自己的自由，不论是生活模式或共同体的理想形式皆无受到禁止或奖励的必要。所以诺齐克指出，最低限度国家是在某种“乌托邦架构”内发挥功能。

稻夫：意思是，在那样的架构内就能享受自由啰？

老师：嗯。那样的架构容许根据自主性交换或共识所尝试的多样乌托邦建设。唯有如此，才能支撑最小限度国家的正当性。

各式各样的乌托邦共存

一郎：我还是搞不清楚所谓“那样的架构”是什么样子耶。

老师：那么，我们就来看看诺齐克的形容吧。“乌托邦，是为多数乌托邦所存在的架构，人们能自由任意地相互结合，于理想社群中追求并实现自身的良善生活愿景；然而，其中不应有任何人将本身的乌托邦愿景强加在他人身上。乌托邦就是这样的地方。”清楚了吗？

一郎：也就是说，并非将单一价值观强加于他人身上，而是每个人都能享受自由的最低限度条件已经达到完备啰？

老师：确实如此。那最低限度条件不就是最低限度国家嘛。

纯子：这跟平常我们对乌托邦的印象还真不一样耶。一般不是都会有个共同目标，然后由所有人一同实现，才叫作乌托邦吗？好比平等社会之类的。

老师：那是诺齐克所谓的“受到所有人欢迎的单一乌托邦社会的概念”。他将拥有此种概念的人称作“帝国主义式的乌托邦主义者”。就他的立场而言，每个人的性情、智力和理想的人生类型各不相同，企图将其汇整纳入单一价值观内是不可能的。可以说，他是从多元化事实的角度出发。

稻夫：所以，乌托邦的理想也会变成是各式各样的多数乌托邦共同体汇集而成的复合体啰。

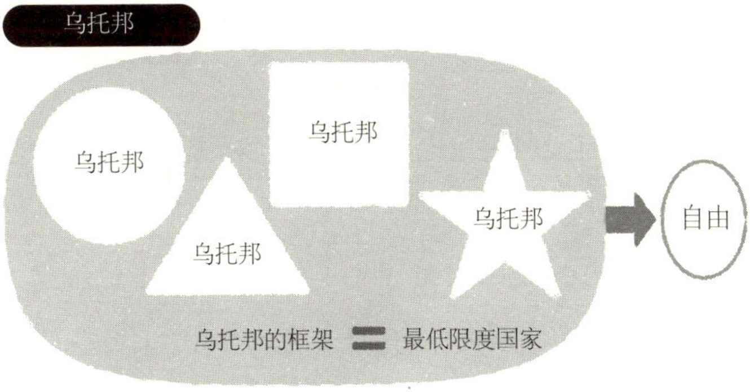

为使每个人都能实现各自自由的最低限度条件，
即为以乌托邦框架呈现的最低限度国家

老师：那是个现实性的问题。的确，我不认为所谓的激进宗教团体真的能够和平共存。所以，乌托邦架构在此是作为一种“过滤手段”。并且根据每个人的自愿性选择及拒绝的积累，方得以筛选出各个乌托邦来。像那样借由否定手段的演变，才能够逐渐改善值得追求的理想共同体以及良善生活愿景的列表。

一郎：整体印象真的是逐渐迈向乌托邦的实现。内心很不可思议地兴奋了起来耶。

老师：诺齐克也这么说。他表示，“最低限度国家，也就是为乌托邦而存在的架构，是个能够鼓舞人心的概念”呢。

诺齐克对于罗尔斯的批判

纯子：对了，您说过诺齐克也对罗尔斯提出了批判。他是怎么说的呢？

老师：大部分都是“赔了夫人又折兵”之类的批判。例如，当人处于罗尔斯式的原初状态，不见得只会采用差别原则。他批判道，那些人反而可能会选择附带最低限度生活保障的平均功利主义；又或者，罗尔斯的分配正义论，简直就是把社会中的财产视为无主物处置。

一郎：我果然对诺齐克相当有共鸣。这可成了我的圣经啰。

老师：如果能像这样帮学生找到一本适合自己的书，上这门课也就值得了。

《无政府、国家和乌托邦》名句

最低限度国家被视为正当。超越此限度的扩张国家，皆被视为侵害人们权利，也是不正当的。

乌托邦是为多数乌托邦而存在的框架，人们在其中追求自我本身的良善生活愿景并加以实现。

最低限度国家，将我们视为具备人格者，而此等人格乃伴随从权利而生的尊严。

诺齐克
其人其事

罗伯特·诺齐克

Robert Nozick（1938~2002）

美国政治哲学家，哈佛大学教授。其学术成就范围之广，不限于政治理论，并涵盖道德哲学或法学等领域。特别在政治理论方面，其被视为自由放任主义的古典思想的《无政府、国家和乌托邦》，影响尤巨。著作包括《无政府、国家和乌托邦》《哲学解释》《经过省察的人生》等。

给对罗伯特·诺齐克有兴趣的你——

推 荐 书 单

苏格拉底的困惑
诺齐克 著
郭建玲 等译
北京大学出版社

收入了诺齐克数十年写成的 22 篇文章，全面展现了其哲学成就

经过省察的人生
诺齐克 著
严忠志 等译
商务印书馆

旨在揭示什么是真正有价值的生活

罗伯特·诺齐克
大卫·施密茨 编
宋宽锋 等译
复旦大学出版社

一本很好的诺齐克著作导读

第15课

桑德尔《自由主义与正义的局限》

一个人终究难以生存吗？

桑德尔的代表作！

老师：终于要进入最后一堂课了！今天，我想来谈谈迈克尔·桑德尔的《自由主义与正义的局限》。我想大家应该都听说过桑德尔，多亏NHK公共电视台所播放的节目《哈佛白热教室》(ハ｜バ｜ド白热教室)，他最近在日本相当有名。那个节目是将他大受欢迎的课程，借由电视播送；课程内容所汇整成书的著作《公正：该如何做是好？》也成了畅销书，可说是点燃政治哲学热潮的火种呢。

一郎：《自由主义与正义的局限》是他的最新著作吗？

老师：不，那是他于二十世纪八十年代初期的著作。第二版于一九九八年问世，不过这并不代表桑德尔的思想有所改变，我们的说明将以该版本为基础。事实上，这本书是为了批判罗尔斯的《正义论》所作。只是罗尔斯在迈入九十年代后出现了“变节”，因此新版补充关于该部分的检讨。

纯子：因为批判罗尔斯，所以被称作社群主义（communitarianism）者的圣经吧。

老师：是的。桑德尔的这本著作问世后，便与阿拉斯戴尔·麦金泰尔（Alasdair MacIntyre）的《美德之后》、加拿大的查尔斯·泰勒（Charles Taylor）的《哲学论文集》以及麦克尔·沃尔泽（Michael Walzer）的《正义诸领域》并驾齐驱，成为催生社群主义的一大潮流。

纯子：从中就引发了究竟自由主义好，还是社群主义好的“自由主义与社群主义论战”，对吧？

老师：可以这么说。毕竟一般都将桑德尔视为社群主义者，也就是共同体主义者。不过，他本人却在第二版开头提及他对这一点感到不快。

稻夫：那又是怎么一回事呢？

老师：桑德尔是这么说的：“只要‘社群主义’为多数决主义的别名，又或不论所属的社群（community）、时间为何，权利皆依据某种优越价值的思考的别名，那就不是我想拥护的见解。”

自由主义者与社群主义者大论战

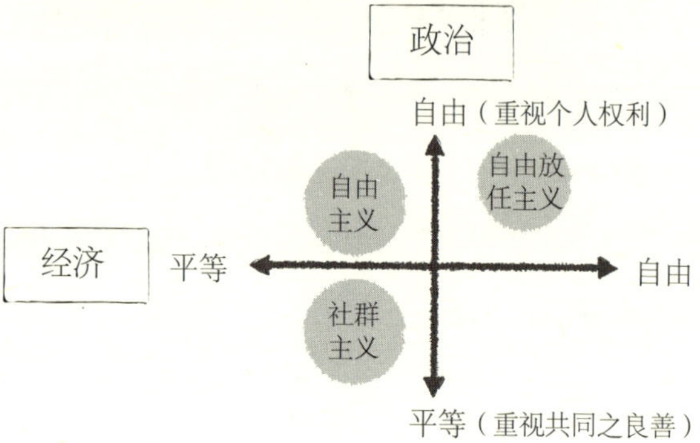

问题在于应重视个人权利，抑或共同之良善

重视“共同良善”

纯子：意思是，假设顽固地将一定的价值观加诸他人身上，是所谓的“社群主义者”，那么自己并非社群主义者啰？

老师：是的。我认为，他是个社群主义者这一点不会错。其余只是概念的定义问题。所谓的个人认同，的确有一部分是根据自己所属的社群决定，但终究只是“部分”而已。

稻夫：不过，共同体都有个共同目标吧？

老师：桑德尔重视的是“共同良善”，不过他认为那绝非事先决定好的，而是在充分讨论后由社群成员所共同获得的结论。

一郎：我有点儿了解老师为什么会选这本书了。因为，桑德尔的原点就在其中。

老师：是的。对了，桑德尔是本系列课程所提到的哲学家中，唯一一位在世，并且仍在工作岗位上的人，所以他的思想还在持续进化当中。不过，他并没有丝毫偏离原点。我希望大家务必借由此书确认这一点。

一郎：可是，为什么桑德尔会这么拘泥于共同体呢？我是个以自我为中心的人，老实说还蛮讨厌那种东西的。

老师：我想，即使不是所有人都到了可称之为“自我中心主义”的地步，然而目前社会的价值观趋于多元化也是事实。所谓的自由主义，就是一种守护上述多元价值观的思想。但问题在于，尽管如此我们仍必须共同携手并进这一点。政治社会的原则便油然而生。

纯子：罗尔斯把它形容成“针对正当良善的优先性”吧？

老师：是的。此种状态下的“正当”称为权利或是正义”。良善“则是人们视为善，而加以选择的自我价值观或生活方式。”

稻夫：那么，桑德尔对于“正当良善的优先性”是怎么想的呢？

老师：桑德尔表示有两个含义。一是“道德”的优先性。亦即“正当”对于多元良善具有规范优势，而多元良善仅在“正当”的允许范围内才能获得认可。

纯子： 不论良善受到多么广大的群众支持，只要超越“正当”的范围，就不可能成为社会的共同准则。是这样吗？

老师： 没错。其次是“基础点”的优先性。相对地，必须约束多元良善的“正当”可不依据诸多良善，朝向独立地位并且加以正当化。

一郎： 那又是什么意思呢？

老师： 良善的多元化有必要尽可能地加以尊重。但与此同时，为了适切调整多种良善之间的相互冲突，促其和平共存，必须导入“正当”。在此情况下，若某特定良善取得优势地位，便无法确保良善的多元化；因此，正当就必须不凭借任何种类的良善，被加以正当化。

纯子： 有可能吗？

老师： 桑德尔也点出了这个问题。所谓“以自由主义为前提的人类样态”，是每个人拣选自认为好的良善主体。多样良善之所以受到尊重，也是因为那都是各人如同上述所拣选出来的。所以，被拣选出来的良善本身，并非即拥有值得尊重的价值。这里，就与被拣选出来的良善做出清楚区分，呈现出纯粹选择主体的人类样态。

稻夫： 他所说的“纯粹选择主体”，丝毫不会受到自己生活环境的影响，感觉上是完全独立的存在吧？

老师： 嗯。那样的存在，尽管面临了与自身取舍的选择无关却蜂拥而来的负荷，却能从中独立出来。桑德尔将那样的人类样态称为“无牵无挂的自我”（unencumbered self），并加以批判。

一郎：所以，那是罗尔斯在《正义论》中所描绘出的人类样态啰。

老师：是的。桑德尔主张，罗尔斯的理论问题正潜藏于这一点。他表示，罗尔斯的自由主义是根据康德哲学，成为所谓的“义务论自由主义”。换言之，那是以一个超越现实的经验世界，独立超脱且自由的“超越论主体”为前提，被视为根据先验性奠定的绝对道德法则，比起正义、良善或幸福，无条件地处于优势地位。

纯子：那部分就理论而言，是没问题的吧？

老师：到这部分为止还没问题，不过后面就不行了。另一方面，由于罗尔斯将本身的正义论与康德的形而上学相互切割，将之视为更为实际的理论，因此引用休谟的探讨，记述正义成为必要的“正义环境”。但是，康德属于德国观念论，而休谟属于英国经验论，两者原本就是相互对立矛盾的思想。

稻夫：我了解那种理论上的矛盾，却不觉得它是非常关键性的问题。

老师：其中可是有个关键性的大问题呢。例如，罗尔斯的理论特征在于提倡“正义两大原则”和“原初状态”，还有“反思均衡”。而正义两大原则中的“差别原则”，为赋予矫正差别理论基础的划时代思考。我们在前两堂课中也介绍过，大家还记得吗？

纯子： 社会中的每个人都有各种不同的境遇，从而产生贫富差距。不过，那样的境遇差别是偶然的产物，所以有必要加以矫正。也因此，即使是与生俱来的资质所造就的财富，也应将其视为社会全体的共同资产，重新分配。是这样的思考吧？

老师： 正是如此。根据这样的思考，就能在不立足于特定良善概念的情况下，对于多元良善的追求赋予一定的规范性架构。不过，这会不会有点儿奇怪呢？

稻夫： 您是说，这样的理论或许已经立足于特定良善概念了，是吗？不，该说是“不平等是不行的”这一点……

老师： 大概就是那么一回事。说得更准确一点儿，“正当”之良善的优先性，其理论基础在于尊重每个个体，那么上述思考不就违反了这样的理念吗？

一郎： 对哦，因为某人与生俱来的资质被运用于他人的利益之上，那个某人就会变成被利用的一种手段了。

桑德尔阐述正义

老师：桑德尔针对罗尔斯理论的此等问题，预测对方大概会这么回答："成为手段的，仅止于哪个人偶然与生俱来的资质部分，并非其本身。"但是，那样的自我样态是种"被彻头彻尾剥夺具体性"的存在。而那样的自己到底还有什么意义可言？这就是桑德尔的批判。

纯子：把人家说成这样，那桑德尔自己提出了什么样的正义论呢？

老师：桑德尔首先质问，将共有"我"的资产的人视为"他者"，是否永远适当。他的要求是以"主体间性"（Intersubjectivity）的观点理解自我。我们来看看他的表述。

> 多亏我之外的人们存在，才有如今这个称为"我"的人存在。正是这些他者，持续以各种不同方法构筑出这个称为"我"的人。这样看来，只要是我能同一（Identify）的这些他者，将之视为对于"我的"成就达成也帮忙出力的人，从而视为此等成就达成所带来报酬的共同收取人，都被认为是适当的。

稻夫：我很能理解这种想法，不论何种成就都不是单凭一己之力所能达成的。像在公司里也一样。虽然会有程度上的差异，但是所有一切都是凭借他者某种形式的帮助才能达成。

一郎：我不太了解他和罗尔斯的差别耶。

老师：是这样的。即便这两人都认同差别原则，不过罗尔斯认为自己的成果是偶然的产物，所以要和大家分享。相对地，桑德尔则认为自己的成果是凭借他者之力才获得，所以要和大家分享。

一郎：原来如此！

老师：在此可以看出一种对于人类样态的观点，那就是所谓的“自己”，并非自给自足、毫无负担的存在，而是为自己以外的他人背负许多东西，从中奠定足以支撑自我的立足处的存在。

纯子：人不是毫无责任的自己呀。

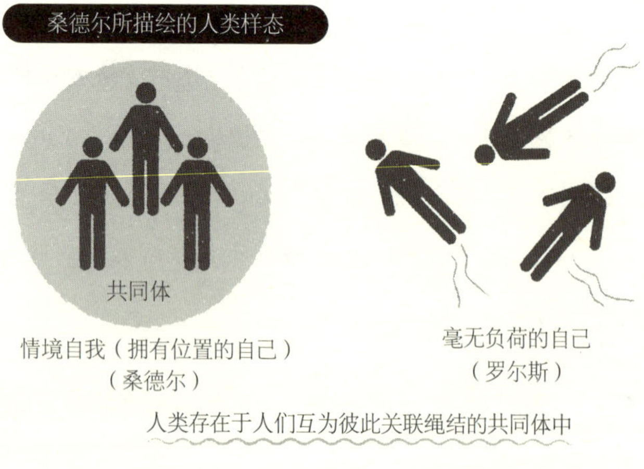

老师：是的。非但如此，他还说人是“情境自我”（situated self，拥有位置的自己）。换句话说，桑德尔将某一成就自己，人们互为彼此关联绳结的历史性总体的共同世界或共同体，视为大前提。

稻夫：桑德尔所说的共同体是什么呢？

老师：桑德尔区分成三种社群概念。一是“工具概念”，这是将社群视为实现个人私利私欲的手段，那样的社群对于个人而言，仅止于外在性。二是“情感概念”，也是罗尔斯的立场。社群成员同时认同社会合产（Coproduction）所萌生的“情感羁绊”。从这一点来看，社群对于个人来说，变成部分内在性。

三是“组成概念”，桑德尔的立场即为此。他表示，社群是自发形成的集团，不若联盟或协会等的选择关系，为发掘的依恋。那并非单纯属性，而是构成本身认同的要素，也是以和他者关系为前提的“主体间性”。

一郎：我现在明白为什么桑德尔会重视共同体了。

思想获得更新

老师：然而，如同刚刚所说的，桑德尔是当今仍活跃于相关领域的思想家，所以他的思考也随时在进化。

纯子：讲到这里我才想到，老师一开始说，他为了因应罗尔斯的变节，在第二版增加了补充部分吧？

老师：没错。罗尔斯于一九九三年发表《政治自由主义》。我们在前两堂课也曾提到，他对“交叠共识”的重视引发“正义论倒退”的批判声浪。

纯子：那部分不是和桑德尔等人的“社群主义”比较接近吗？

老师：确实也可以从这个角度来看。因其削弱了普遍主义（universalism）的主张，考虑到共同体的传统概念。但是，桑德尔仍对罗尔斯提出批判。因为罗尔斯在《政治自由主义》中，要求于政治、公共领域，以及探讨特定哲学、道德、宗教立场或总括性学说时，都必须搁置判断。据桑德尔所言，不但实际上无法做到，其理论也不甚理想。

一郎：他在其后著作中的思想，应该没有大幅度改变吧？

老师：或许可以说，他在出版《自由主义与正义的局限》之后，探讨主轴出现了大幅的转换。

稻夫：咦！不再重视共同体了吗？

老师：不是的，那一点并没有改变，而是他所着重的部分。也就是说，他的焦点逐渐转移到具体政治社会的理想样态，相关的实践探讨。他于一九九六年发表的《民主的不满》中，提出这样的诊断：自美国建国以来，历史上自由主义与公民共和主义（Civic Republicanism）不断持续着对立立场，不过公民共和主义正逐渐遭到扬弃。桑德尔是希望借由发掘公民共和主义传统的可能性，摸索出一条克服当今各种问题的道路。

一郎：那个公民共和主义有什么具体内容呢？

老师：公民共和主义的主张有以下几点：首先，人们具有自我统治的自由，此等自由让人们得以历经共同商议与决定，逐渐形成构成政治社会价值原理的共同良善。还有与上述自我统治相关的力量，即为以公的力量逐渐养成公民德行的“陶冶计划”的必要性与正统性。

纯子：公民共和主义传统和桑德尔所说的“情境自我”，两者又有什么关系呢？

老师：在现代社会中，我们个人是非常微弱的存在，因为我们必须面对如全球经济波动等各领域的未知问题。因此，桑德尔揭示所谓“多面向情境自我”（multiply-situated self）的人类样态。他主张，不仅限于区域社会或国家，更要进一步促使公民共和主义传统，在国际社会的多元政治舞台上再次活跃。

一郎：他是想要将“情境自我”应用到全世界吧。

老师：桑德尔近来尤其针对金融资本主义或贪得无厌的资本主义，亦即过度市场经济提出强烈警告。

稻夫：我们尔后好像得更加关注桑德尔才行呢。

老师：希望今天的课程，能够作为大家了解他的哲学思想的踏板。总共十五堂的课程到此也告一段落了。各位觉得如何呢？

稻夫：哇噢！我好久没这么用功了。脑袋除了被活化之外，说不定也变年轻了呢。我正好即将迈入人生的第二个阶段，多亏老师，才能踏出成功的第一步。真是太感谢您了。

纯子：我对哲学的兴趣变得比之前更强烈了。不仅想要尽可能地多读点儿古典哲学书，而且慢慢觉得自己应该也能读得通了呢。

一郎：我终于对哲学产生兴趣了耶，至少不会再对哲学感到过敏。而且对于人生的烦恼，好像也能够逐渐看清楚方向了。

老师：大家的感想虽然不尽相同，不过都能乐在其中，似乎也得到对于日后生活的若干提示，所以我觉得非常满足。大家都辛苦了！

《自由主义与正义的局限》名句

身为原理的正义，其理想本身即内含极限。

多亏我以外的他者存在，才有如今所谓的“我”这个人存在。正是他们，逐渐构筑出“我”。

所谓的社群不仅是属性，而是构成参与者共有之自我理解的共同体。

桑德尔
其人其事

迈克尔·桑德尔

Michael J. Sandel（1953~）

美国政治哲学家，哈佛大学教授。批判罗尔斯的《正义论》，因二十世纪八十年代的自由主义和社群主义论辩，逐渐受到注目。他在哈佛大学所开设的课程“Justice”，是一堂吸引电视台播放的热门课程。著作包括《自由主义与正义的局限》《民主的不满》《反完美案例：基因工程时代的伦理学》等。

给对迈克尔·桑德尔有兴趣的你——

推　荐　书　单

公正
桑德尔 著
朱慧玲 译
中信出版社

桑德尔论述
正义的著名公开课

金钱不能买什么
桑德尔 著
邓正来 译
中信出版社

桑德尔就当前世界的
道德与市场问题发表
洞见

民主的不满
桑德尔 著
曾纪茂 译
江苏人民出版社

一部关于
自由的意义的重要著作

结语

享受哲学的方法

大家觉得“世界第一好懂的哲学课”怎么样呢？就算是大家一起读哲学书，有人或许还是觉得很难。不过，我想其实这样也没关系，毕竟在本书之后还有阅读原著的乐趣等着您呢。

我在“前言”中也曾写道，所谓的哲学，随着我们人生经验的日益丰富，将会有更为深层的领略。所以，本书并不是一个结束，我衷心期盼大家务必将本课程视为一个契机，继续迈入哲学深层底蕴的愉悦世界。

最后，我想来谈谈哲学本身的乐趣所在。本书中介绍了享受哲学名著的方法。事实上，这些名著都是哲学家们的思考结晶，而所谓的“享受名著”，除了跟着体验他们思索的过程、共同思考之外，别无他法。

但是，探索哲学并不等同于阅读哲学书籍。哲学本身是一门探究事物本质的学问。借由思考“也不是这样”“也不是那样”，一步步贴近事物的本质或核心。

哲学名著就某种意义而言，可说是上述探索的引导书籍。阅读名著之余，跟着体验同样的思索后，接下来就必须靠自己加以运用。如果能够做到这一点，才称得上是完全将名著的内容加以内化。

名著中，充满了促使自我思考的提示。我想阅读过本书的各位读者，应该非常了解这一点吧。

当然，即便不学习哲学，人还是能够针对事物进行思考。如同帕斯卡所言：“人是会思考的芦苇。”不过，若能精通各种思考方式，不就能更为广泛地深入思考吗？世界也会逐渐呈现出截然不同的面貌。哲学这门学问，便是为此而存在。

也就是说，如果有人一直以来只着眼于表层事物，将随之被潜藏于背后的背景或本质所吸引。哲学就像这样，能让我们的人生变得更为丰富、充满乐趣。期盼大家务必能以此角度，重新审视哲学的意涵。若能如此，对我这个为哲学普及努力不懈的人而言，真是无上荣幸。

本书执笔之时，承蒙多方人士的鼎力相助。特别是PHP Editors Group的畑田博文先生，不但给我此次执笔机会，从构思阶段乃至于成书，始终坚持不懈地提供强大的支持力量，我想借这个机会向他致谢。最后，再次感谢阅读本书的所有读者。

二零一零年十一月　小川仁志